9 ATEUS
MUDAM
DE ÔNIBUS

Conheça nossos clubes

Conheça nosso site

- @editoraquadrante
- @editoraquadrante
- @quadranteeditora
- Quadrante

Título original
10 ateos cambian de autobús

Copyright © 2013 Ediciones Palabra, S.A.

Capa
Gabriela Haeitmann

Dados Internacionais de Catalogação na Publicação (CIP)

Ayllón, José Ramón
Nove ateus mudam de ônibus / José Ramón Ayllón –
2ª ed. – São Paulo: Quadrante Editora, 2024.

ISBN: 978-85-7465-667-0

1. Ensaios biográficos 2. Pensamento 3. Ateísmo 4. Cristianismo I. Título

CDD–844.92

Índices para catálogo sistemático:
1. Ensaios biográficos : Pensamento : Ateísmo : Cristianismo 844.92

Todos os direitos reservados a
QUADRANTE EDITORA
Rua Bernardo da Veiga, 47 - Tel.: 3873-2270
CEP 01252-020 - São Paulo - SP
www.quadrante.com.br / atendimento@quadrante.com.br

JOSÉ RAMÓN AYLLÓN

9 ATEUS MUDAM DE ÔNIBUS

2ª edição

Tradução de Emérico da Gama e Roberto Vidal da Silva Martins

Sumário

DO AUTOR — 7

AS LINGUAGENS DE DEUS — 9

1. FRANCIS COLLINS — 29

2. ERNESTO SÁBATO — 37

3. FIÓDOR DOSTOIÉVSKI — 43

4. TATIANA GORICHEVA — 65

5. C. S. LEWIS — 71

6. ANDRÉ FROSSARD — 81

7. EDITH STEIN — 89

8. VITTORIO MESSORI — 95

9. G. K. CHESTERTON — 107

A Emílio Nadal,
tão amigo

Do autor

Além de mudarem de ônibus, os ateus destas páginas também mudaram de livro, pois resgatei-os de *Deus e os náufragos*, obra fora de catálogo depois de ter navegado, à velocidade de cruzeiro, por quatro edições.

Burgos, 14 de fevereiro de 2009.

As linguagens de Deus

> *Suponhamos que eu queira contar os átomos de um grão de sal e que seja suficientemente rápido para fazê-lo à velocidade de um bilhão de átomos por segundo. Apesar de tão notável façanha, precisaria de mais de cinquenta séculos para fazer o censo completo da população de átomos contidos nesse minúsculo grão de sal.*
>
> Jean Guitton

Deus e a ciência

Os ateus pensam que Deus não existe. Os agnósticos dizem que Deus não fala. Os crentes sustentam que Deus não se cala. Às vezes, porém, aqueles que negam ou ignoram Deus começam a escutá-lo na imensa linguagem das galáxias, no elegantíssimo idioma da genética, nos incríveis números da física atômica, na língua inefável do amor e também no significado desconcertante da dor.

Acho que os leitores destas páginas tirarão proveito dos testemunhos vigorosos de nove viajantes famosos que abandonaram o ônibus do ateísmo. Como introdução às suas peripécias vitais, faço no primeiro capítulo deste livro um resumo das motivações dos ateus e dos crentes. As dramáticas histórias de Albert Camus e Elie Wiesel vão ajudar-nos a compreender melhor a dificuldade e a radicalidade desta problemática.

Uma pergunta inevitável

Sabemos que as mitologias antigas propunham divindades caprichosas e temíveis, aceitas de maneira ingênua e acrítica. Penso que a mitologia moderna declara o seu agnosticismo e ateísmo com a mesma ingenuidade e falta de senso crítico. Todavia, tanto no primeiro caso como no segundo, é preciso admitir que Deus é a referência humana mais essencial e inevitável.

Por que nos perguntamos necessariamente sobre Deus? Em primeiro lugar, porque gostaríamos de decifrar o mistério da nossa origem e saber quem somos. Diz Jorge Luis Borges em três versos magníficos: "Para mim, sou ânsia e arcano, / Uma ilha de magias e temores / Como são, talvez, todos os homens".

Em segundo lugar, porque desconhecemos a origem do Universo e porque a sua própria existência escapa a qualquer explicação científica. Stephen Hawking afirma que a ciência, mesmo que um dia chegasse à resposta para todas as nossas perguntas, jamais poderia responder à questão mais importante: Por que o Universo se deu ao trabalho de existir?

Em terceiro lugar, porque o Universo é uma pista gigantesca. Embora seja inegável que Deus não nos entra pelos olhos, temos dEle a mesma evidência racional que nos permite ver o oleiro por trás do vaso, o construtor por trás do edifício, o pintor por trás do quadro e o autor por trás do romance. O mundo — com as suas luzes, cores e volumes — não constitui um problema por haver cegos que não o veem: o problema não é o mundo, mas a cegueira. Com Deus acontece algo de parecido, e não é lógico duvidar da sua existência por haver alguns que não o enxergam.

Em quarto lugar, indagamo-nos sobre Deus por termos sido feitos para o bem, como testemunha constantemente a nossa consciência. Kant quis que se gravassem na sua lápide as seguintes palavras: "Duas coisas no mundo me enchem de admiração: o céu estrelado sobre mim e a ordem moral dentro de mim".

Em quinto lugar, porque estamos feitos para a justiça. O triunfo absurdo e insuportável da injustiça, que tantas vezes presenciamos, pede um Juiz Supremo que tenha a última palavra. Sócrates disse que "se a morte acabasse com tudo, seria uma vantagem para os maus".

Em sexto lugar, porque notamos que também fomos feitos para a beleza, o amor e a felicidade. E, ao mesmo tempo, verificamos que nada ao nosso redor é capaz de acalmar esse anseio. O poeta Pedro Salinas escreveu que os beijos e as carícias sempre se enganam: não acabam onde dizem nem dão o que prometem. Platão ousa afirmar, em uma das suas mais geniais intuições, que o Ser Sagrado palpita no ser querido e que o amor provocado pela beleza corpórea é uma chamada do outro mundo para nos despertar, espreguiçar e resgatar da caverna onde vivemos.

Em sétimo lugar, procuramos Deus porque vemos morrer os nossos entes queridos e sabemos que também nós vamos morrer. Diante da morte do seu filho Jorge, Ernesto Sábato escreveu: "Neste entardecer de 1998, continuo a escutar a música que ele amava, a aguardar com infinita esperança o momento de nos reencontrarmos nesse outro mundo que talvez, talvez, exista".

Quando o céu não responde

Depois de mencionarmos brevemente alguns dos motivos que levam o ser humano a procurar Deus necessariamente, entendemos que Hegel tenha dito que não nos perguntarmos sobre Deus significa dizer que não devemos pensar. Mas também sabemos — como Albert Camus — que a peste pode despertar novamente as suas ratazanas e enviá-las para dizimar uma cidade feliz.

Os biógrafos de Camus, prêmio Nobel de Literatura em 1957, atribuem a sua profunda incredulidade a uma ferida que as garras do mal lhe infligiram na adolescência e que nunca cicatrizou. Vivia em Argel, tinha quinze ou dezesseis anos, e passeava com um amigo pela praia quando deparou com uma turbamulta de pessoas. No chão, jazia o cadáver de um menino árabe esmagado por um ônibus. A mãe chorava aos gritos e o pai soluçava em silêncio. Depois de uns instantes, Camus apontou para o cadáver, levantou os olhos para o céu e disse ao amigo: "Veja, o céu não responde".

A partir desse momento, sempre que tentava superar esse impacto, levantava-se nele uma onda de rebeldia. Parecia-lhe que toda a solução religiosa tinha de ser necessariamente uma falácia, uma maneira de escamotear uma tragédia que nunca deveria ter acontecido. Essa cena levou o futuro escritor a dar as costas a Deus e a abraçar a religião do contentamento: "Todo o meu reino é deste mundo", dirá. E ainda: "Desejei ser feliz como se não tivesse outra coisa que fazer". Mas Camus vem a sofrer nas suas carnes o golpe brutal de uma doença grave. Dois focos de tuberculose truncam a sua carreira acadêmica e obscurecem o horizonte azul de um jovem que reconhece a sua paixão hedonista pelo sol, pelo mar e por outros prazeres naturais. Instala-se o absurdo numa vida que só queria cantar. É então que o escritor faz dizer a Calígula uma verdade tão simples, tão profunda e tão dura: "Os homens morrem e não são felizes".

Para Camus, a felicidade será sempre o curso inconcluso no currículo da humanidade. Uma vida à beira da morte tira o sentido da existência humana e faz de cada homem um absurdo. Contra esse destino, escreverá *O Mito de Sísifo*, em que a sua solução voluntarista se resume a uma linha: "É preciso imaginar um Sísifo feliz". E a felicidade do seu Sísifo, que bem pode ser Mersault, o protagonista de *O estrangeiro*, é a autossugestão de julgar-se feliz. O romance *A peste* significará uma nova tentativa de tornar possível a vida feliz em um mundo submerso no caos e à beira da morte. Mais que um romance, é a radiografia da geração que viveu a Segunda Guerra Mundial. Camus já não fala do seu sofrimento individual, mas da imensa vaga de dor que varreu o mundo a partir de 1939. Nas páginas finais, o autor lembra-nos que as guerras, as doenças, o sofrimento dos inocentes, a maldade do homem contra o homem etc..., não passam de tréguas instáveis que darão lugar a um novo ciclo de pesadelos.

Onde estava Deus no dia 11?

Elie Wiesel, o jornalista que cunhou o termo *Holocausto*, tinha doze anos quando chegou ao campo de extermínio de Auschwitz num trem de transporte de gado. A primeira coisa que viu foi um fosso de onde subiam labaredas gigantescas. Um caminhão aproximou-se do fosso e despejou nele a sua carga: crianças! Wiesel sobreviveu para contar a sua história e dizer-nos que jamais se esqueceria dessa sua primeira noite no campo, dessa noite que transformou a sua vida numa longa noite fechada a sete chaves. Nunca se esqueceria da fumarada e do rosto das crianças que viu converterem-se em cinzas. Nunca se esqueceria desses instantes que assassinaram o seu Deus na sua alma e que deram aos seus sonhos o rosto do deserto. Nunca se esqueceria desse silêncio noturno que lhe tirou para sempre a vontade de viver.

Eu estava em Madri no dia 11 de março de 2004, quando um atentado terrorista explodiu vários vagões de um trem, matou duzentas pessoas e feriu mais de mil. Lembrei-me de Wiesel: onde estava Deus? Sei que a pergunta não é original; o ser humano vem formulando-a desde que apareceu sobre a terra e verificou que a sua vida é sempre dramática. A pergunta impõe-se *de per si*, mas a resposta não. Ainda que a existência da dor — em particular, o sofrimento dos inocentes — seja o grande argumento do ateísmo, a imensa maioria da humanidade sempre creu em Deus.

De qualquer forma, se Deus existe, por que permite o mal? Embora não resolva a questão, uma resposta clássica afirma que Deus podia não ter criado seres livres, mas, se o fez, não os podia impedir de praticar o mal: tinha de respeitar as regras estabelecidas por Ele mesmo. Outra resposta tradicional diz que, embora não seja querido por Deus, o mal não escapa à sua Providência: Deus conhece-o e dirige-o e ordena-o para algum fim. Neste sentido, o psiquiatra Viktor Frankl perguntava-se se um chimpanzé submetido a sucessivas injeções a fim de se produzir a vacina da poliomielite — da AIDS, diríamos hoje — seria capaz de entender o significado do seu sofrimento. E não será possível — conclui Frankl — que exista outra dimensão, um mundo para além do mundo do homem, um mundo onde a pergunta sobre o sentido último do sofrimento humano obtenha uma resposta?

Mas, ao fim e ao cabo, se Deus é bom e onipotente, é Ele que surge como o último responsável pelo triunfo do mal, ao menos por não o impedir. E então a história humana converte-se em julgamento de Deus. Há épocas em que a opinião pública faz Deus sentar-se no banco dos réus. Assim foi no século de Voltaire; assim é nos nossos dias. Quando o jornalista Vittorio Messori interpelou João Paulo II sobre este ponto, a resposta do Pontífice, sem suprimir o mistério da questão, foi de uma radicalidade proporcionada à magnitude do problema: o Deus bíblico entregou o seu Filho à morte na cruz. Acaso pode justificar-se de outro modo a sofrida história humana? Não é uma prova de solidariedade com o homem que sofre? Se Cristo permaneceu cravado na cruz até o fim; se do alto da cruz chegou a dizer, como todos os que sofrem: "Meu Deus, meu Deus, por que me abandonaste?", não se encontra aí o argumento mais forte para aceitar a presença da dor na história do homem? "Se não tivesse havido a agonia da cruz" — concluiu João Paulo II —, "a verdade de que Deus é Amor ainda estaria por ser demonstrada".

Não é que chova, é o céu que chora!, repetiam os dois milhões de manifestantes que no dia 12 de março extravasavam a sua indignação e a sua tristeza pelas ruas de Madri. Tinham razão: o céu chorava, uma vez mais, a barbárie dessa "espécie dos abismos". Mas não são os rasgões causados pelo mal, nem a multidão de psicólogos bem intencionados, mas incapazes de ressuscitar os mortos, que têm a última palavra. "Hoje mesmo estarás comigo no Paraíso", prometeu Cristo a um moribundo torturado numa cruz. Se no dia daquele selvagem atentado, todos quisemos ser madrilenos junto com as vítimas, penso que Cristo na cruz foi o mais madrileno de todos. E acho que perguntar onde Deus estava naquele 11 de março só tem uma resposta que faça sentido: Deus estava cravado numa cruz, precisamente por causa da barbaridade desse ato covarde e de todas as barbaridades da história humana. Caso contrário, a Semana Santa de Sevilha — um exemplo muito querido na Espanha — não passaria de mero folclore. Ou ainda, nas palavras duras de Shakespeare, de um conto sem significado narrado por um idiota.

Kant pensava que Deus existe porque fomos feitos para a justiça. Os absurdos e repetidos triunfos da injustiça demandam um Juiz Supremo que tenha a última palavra. Kant — que não se caracterizava pelo fervor religioso, mas pela razão inquisitiva — também pensava que o sofrimento humano não é incompatível com a bondade infinita e a onipotência de Deus. Com as imagens madrilenas ainda na retina, essas palavras podem parecer-nos escandalosas, mas Kant dir-nos-ia então que um Deus infinitamente poderoso e bom é capaz de compensar infinitamente qualquer tragédia humana com uma eternidade feliz.

Um texto antigo — erroneamente atribuído a Santo Agostinho — põe esse mesmo argumento na boca de um morto cujos entes queridos estavam desolados. Imaginemos que são palavras de um filho pequeno à sua mãe:

Não chores, se me amas. Se conhecesses o dom de Deus e o que é o céu! Se pudesses ouvir o cântico dos anjos e ver-me no meio deles! Se por um instante pudesses contemplar como eu a Beleza diante da qual as belezas empalidecem! Como é possível que me tenhas amado no país das sombras e não te resignes a ver-me no das realidades imutáveis? Acredita em mim: quando chegar o dia que Deus fixou para que venhas a este céu onde te precedi, voltarás a ver aquele que sempre te ama e encontrarás o meu coração com todas as suas ternuras purificadas. Encontrar-me-ás transfigurado, feliz, não à espera da morte, mas avançando contigo pelos caminhos novos de luz e de vida. Enxuga, pois, as tuas lágrimas e não chores, se me amas.

O argumento

Jiménez Lozano conta de um sacristão e dos seus vizinhos que estavam prestes a ser fuzilados pelos milicianos [na guerra civil de Espanha]. Logo ao amanhecer, já estavam todos contra a parede do cemitério. Foi quando chegou o pároco numa mula, com a solenidade de quem se aproxima de um castelo. Cumprimentou secamente os milicianos e tentou interceder pelos condenados. Os milicianos, porém, responderam-lhe com maus modos que não se intrometesse. Então o padre desceu da mula e disse serenamente aos executores: "Parece que vocês não me entenderam". Coberto de zombarias, o padre enrubesceu de raiva, arregaçou a batina, franziu as sobrancelhas negras como um carvão, afinou o vozeirão com que costumava pregar os grandes sermões e ordenou que soltassem aqueles infelizes. "Agora mesmo!", trovejou. Fez-se um silêncio espesso. E o pedido foi atendido. Obedeceram, não pelo tom taxativo da ordem, mas porque o padre os olhou de frente e, abrindo uma navalha entre as mãos, esgrimiu o seu argumento: "Mando-lhes eu..., que fui castrador".

Poucos dias de ter lido esta história, uma jornalista de Barcelona, Ima Sanchís, pediu-me também um argumento. Referia-se a outra coisa, é claro, mas achei graça à coincidência. Com a pressa própria dos jornalistas, tinha folheado o meu livro *Deus e os náufragos* e queria que eu lhe expusesse uma espécie de silogismo irrefutável, um atalho direto e bem sinalizado, para chegar a Deus. Preparou o seu gravador e disparou a sua pergunta à queima-roupa. Era uma pergunta que, além de provocada pela legítima curiosidade intelectual, soava a súplica, a uma busca sincera.

Falei-lhe então das grandes provas cosmológicas e escolhi uma de suas mais belas formulações:

> Interroga a beleza da terra, a beleza do mar, a beleza do ar vasto e difuso. Interroga a magnificência do céu, o ritmo das estrelas, o sol que ilumina o dia com o seu esplendor, a lua que, com a sua claridade, suaviza as trevas da noite, os animais que se movem na água, os que caminham sobre a terra, os que voam pelos ares. Interroga os espíritos que não vês e os corpos que te entram pelos olhos. Interroga o mundo visível, que precisa de ser governado, e o invisível, que é quem governa. Interroga-os!, e todos te responderão: "Vê-nos: somos belos!" A sua própria beleza é uma confissão. Porque, quem foi que criou tais belezas imperfeitas, senão a Beleza perfeita?

Trata-se de um texto célebre de Santo Agostinho. E para que a jornalista não pensasse que os argumentos sobre a existência de Deus são coisa de santos, li em seguida o epitáfio que o marquês de Villaviciosa de Astúrias, Pedro Pidal, escreveu para o seu próprio túmulo:

> Apaixonado pelo Parque Nacional da Montanha de Covadonga, nele desejaria viver, morrer e descansar eternamente. Mas descansar em Ordiales, no reino encantado das camurças e das águias, onde conheci a felicidade dos céus e da terra, onde passei horas de admiração, sonho e êxtases inesquecíveis, onde adorei a Deus nas suas obras como Supremo Artífice, onde a natureza me apareceu como um verdadeiro templo.

Para a moça, inteligente e bonita, o Deus dos filósofos sabia a pouco, ainda mais quando os próprios filósofos o negam e se contradizem entre si. A jornalista era filha do seu tempo, um tempo de dúvidas e descrença, herdeiro ao mesmo tempo de Voltaire e Descartes, de Comte e Nietzsche, de Marx e Darwin. Pensava, com razão, que um Deus concebido como Causa ou Inteligência suprema não dava razão à sem-razão humana, à imensa dor repleta de escravidão e guerras, doenças e injustiça ao longo dos séculos. "Por que se convertem os conversos famosos? Como é que o Deus dos conversos responde ao mistério do mal, ao escândalo do sofrimento humano?"

A pergunta não podia ser melhor formulada, e exigia uma resposta à altura do problema. A jornalista surpreendeu-se ao ouvir de mim que todos os conversos coincidem na sua resposta, uma resposta que não é um argumento, mas uma Pessoa. É grande a diferença entre compreender um argumento e conhecer uma pessoa: não se chega a conhecer ninguém a fundo em dois minutos, nem em duas horas, nem em dois meses. Por isso os conversos demoram tempo. Demoram muito mais tempo do que dura uma entrevista a um jornal. É o tempo que Dostoiévski, preso por cinco anos na Sibéria, demorou a compreender e resumir o argumento definitivo dos conversos, tão diferente do argumento do castrador:

> Sou filho deste século, filho da incredulidade e das dúvidas, e continuarei a sê-lo até o dia da minha morte. Mas a minha sede de fé sempre me causou uma profunda tortura. Vez por outra, Deus envia-me momentos de calma total, e foi num desses momentos que formulei o meu credo pessoal: o de que ninguém é mais belo, profundo, compreensivo, conforme com a razão, viril e perfeito que Cristo. Mas, além disso — e digo-o com um amor entusiasta — não pode haver nada melhor. Mais ainda: se alguém me provasse que Cristo não é a Verdade, e se provasse que a Verdade está fora de Cristo, preferiria ficar com Cristo a ficar com a verdade.

A linguagem do amor

Há tempos escrevi dois romances sobre um garoto de Vigo e uma mocinha de Barcelona. Ela mudava de cidade e matriculava-se no mesmo colégio do garoto. Tentei pintar a paisagem e a vida de um grupo de amigos jovens, com as suas típicas maneiras de relacionar-se. Admito que o fiz com esmero, pois pretendia escrever um cântico à amizade e uma história de amor. Não tardei a receber cartas e e-mails de leitores, na maioria adolescentes, que se viam refletidos naquelas páginas: em alguns casos, tão refletidos como num espelho. Marta, por exemplo, que também tinha acabado de matricular-se num colégio, escrevia: "Acho que o senhor não vai acreditar se eu lhe disser que aconteceu comigo o mesmo que com a Paula do seu romance: há um rapaz muito especial que não se cansa de lançar-me olhares furtivos durante as aulas". A jovem resumia toda a intensidade do seu sentimento com uma frase mínima e magnífica: "Meu Deus! Nunca pensei que fosse sentir tanto com tão pouco".

Amigo dos pormenores como sou, confesso que me seduziu especialmente esse "Meu Deus!" Talvez inconscientemente, essa invocação espontânea dava a chave de tudo o que o amor tem de complexo e misterioso. Se as obras de Mozart, Leonardo, Vivaldi e Goya nos fazem considerá-los geniais, a pessoa amada — terna ou apaixonadamente — emerge para nós como uma obra-prima do próprio Criador. Diante dos nossos olhos deslumbrados, esse primeiro amor, esse filho, essa esposa, trazem impresso o selo do Artista com maiúscula. Vê-los de outra forma seria como rebaixá-los de um modo inaceitável.

Poderíamos oferecer inúmeros exemplos disto. Num dia do outono de 1896, Chesterton conheceu Frances Blogg e apaixonou-se por ela. À noite, escreveu na solidão do seu quarto que Frances faria as delícias de um príncipe, e que Deus criou o mundo e pôs nele reis, povos e nações apenas para que assim os dois se encontrassem. Depois, escreveu à moça e dizia-lhe: "Com um pouco de batom e maquiagem, qualquer atriz conseguiria parecer-se com Helena de Troia, mas nenhuma poderia parecer-se com você sem ser uma bênção de Deus". O curioso é que Chesterton, naqueles anos, se declarava agnóstico.

As palavras de Chesterton sugerem-nos uma segunda razão para entender o amor em chave divina. Experimentamos a amizade íntima e o amor profundo como presentes imerecidos — por que eu? — ofertados por uma generosidade impossível entre os homens. Anne Frank apaixonou-se por Peter Van Daan no seu esconderijo. Tinha catorze anos, três menos que ele, mas a sua vivacidade e a timidez dele compensavam a diferença de idade. Em páginas encantadoras do seu *Diário*, Anne interpreta essa amizade e esse amor como um presente divino. Em 7 de março de 1944, escreve que "de noite, ao terminar as minhas orações em agradecimento por todas as coisas boas, queridas e belas, ouço gritos de júbilo dentro de mim, porque penso em coisas boas tais como o nosso refúgio, a minha boa saúde e o meu próprio ser, e penso nas coisas que me são queridas, como Peter".

Poderíamos demonstrar de forma indireta essa generosidade divina ao constatarmos que, no nascimento de uma amizade profunda ou de um amor intenso, houve sempre um encontro que poderia não ter acontecido. Bastaria que tivéssemos nascido em outra rua, estudado em outro colégio ou universidade para que não tivéssemos conhecido os nossos melhores amigos, para que não se dessem as casualidades que nos uniram. Embora seja bem possível que não existam casualidades. Chesterton, Marta e Anne Frank estão aí para dizer-nos que casualidade é o nome que damos à Providência quando não falamos com propriedade. Neste sentido, C. S. Lewis, no seu célebre ensaio sobre a amizade, suspeita que os nossos melhores amigos nos foram apresentados por um Mestre de Cerimônias invisível, que procurou valer-se deles para nos revelar a beleza das pessoas: uma beleza que procede dEle e a Ele nos deve conduzir.

Sentimos que o amor desperta em nós uma sede de felicidade impossível de aplacar. Com efeito, a inflamação amorosa provocada pela beleza corporal deixa sempre o sabor agridoce de uma promessa não cumprida. É por isso que os gregos diziam que o amor é filho da riqueza e da pobreza: rico em desejos e pobre em resultados. Um deles, Platão, interpreta essa natureza contraditória em chave divina e afirma que o Ser Sagrado palpita no ser amado. Também suspeita que o amor é, no fundo, uma chamada dos deuses, uma forma sutil de fazer-nos entender que, depois da morte, nos espera um outro mundo, onde a nossa sede de plenitude será aplacada.

Concluo este subtítulo com uns versos que resumem o que tento explicar: as três razões que nos levam a interpretar o amor em chave divina. Pertencem ao poema *Esposa*, de Miguel d'Ors:

```
No teu olhar terno
olha-me alguém que não és tu: sinto,
misturado no teu, outro amor indizível.
Alguém me ama nos teus amo-te, alguém
acaricia a minha vida com as tuas mãos e põe
em cada um dos teus beijos a sua palpitação.
Alguém que está fora do tempo, sempre
por trás do invisível umbral do ar.
```

A linguagem das galáxias

Os pioneiros dos grandes ramos da ciência estavam convencidos de que, por trás da realidade que estudavam, encontrariam uma profunda racionalidade, vestígios de um projeto divino. Foi esse o caso de Copérnico, Kepler, Galileu ou Newton, expoentes célebres de uma lista esmagadora. Mas essa harmonia intelectual entre o humano e o divino rompe-se no século XIX com o positivismo. Desde então, ouve-se com frequência que a ciência pertence ao mundo real, ao passo que Deus é uma invenção da imaginação humana. No entanto, o materialismo positivista não é a última palavra. Como dizia Pasteur, um pouco de ciência afasta-nos de Deus, mas muita ciência aproxima-nos dEle. Hoje, para além das aparências empíricas, a astrofísica roça de maneira surpreendente o enigma fundamental que o espírito humano enfrenta: a existência de um Ser transcendente, causa e significado do Universo.

Por que existem as coisas e não o nada? Por que apareceu o Universo? Nenhuma lei física que se deduza da observação permite responder a essas perguntas. Porém, essas mesmas leis autorizam-nos a descrever com precisão o que ocorreu no começo, entendendo por começo 10^{-43} segundos depois do tempo zero, limite intransponível a que os físicos chamam "muro de Planck". Nesse tempo longínquo, há 14 bilhões de anos, todo o conteúdo do Universo — planetas, sóis e milhões de galáxias — estava concentrado numa partícula inimaginável, numa faísca no vazio. Nesse tempo incrivelmente pequeno, o Universo inteiro, e tudo o que viria mais tarde, estava contido numa esfera de 10^{-33} centímetros, ou seja, numa esfera trilhões e trilhões de vezes menor que o núcleo de um átomo.

Tudo o que conhecemos procede, pois, de um oceano infinito de energia que se parece com o nada. É claro que desconhecemos a origem desse primeiro "átomo de realidade", origem do imenso tapete cósmico que, num mistério quase total, se estende hoje no espaço e no tempo. O que, sim, conhecemos é o fantástico ajuste com que esse tapete está formado. Toda a realidade se apoia num pequeno número de constantes cosmológicas: menos de quinze. Conhecemos o valor de cada uma delas com uma precisão notável. Pois bem, a mínima modificação em apenas uma dessas constantes teria impedido o Universo de existir, ao menos tal como o conhecemos.

Será possível que essa complexidade incrível tenha sido fruto do acaso? Igor Bogdanov diz que se pensou em programar computadores para "produzir acaso". Mas esses computadores teriam de fazer os seus cálculos durante bilhões e bilhões de anos — isto é, durante um tempo quase infinito — até darem com uma combinação de números comparável à que permitiu a eclosão do Universo e da vida.

Por isso — observa Jean Guitton —, aos conceitos de espaço, tempo e causalidade é preciso acrescentar um princípio de sincronização. Porque na origem do Universo não há nada aleatório, não há acaso, mas um grau de ordem infinitamente superior a tudo o que possamos imaginar. Ordem suprema que regula as constantes físicas, as condições iniciais, o comportamento dos átomos e a vida das estrelas. Um princípio poderoso, livre, infinito, misterioso, implícito, invisível, cognoscível, eterno e necessário; um princípio que está aí, por trás dos fenômenos, muito acima do Universo e presente em cada partícula.

A linguagem da vida

Uma célula viva é composta de vinte aminoácidos que formam uma cadeia compacta. A função desses

· aminoácidos depende, por sua vez, de duas mil enzimas específicas. Os biólogos calcularam que a probabilidade de mil enzimas diferentes, ao longo de bilhões de anos, se terem unido ordenadamente para formar uma célula é da ordem de 1 entre 10^{1000}, ou seja, quase nula. Isso levou Francis Crick, prêmio Nobel de Biologia pela descoberta do DNA, a concluir:

> Um homem honesto, provido de todo o saber hoje ao nosso alcance, deveria afirmar que a origem da vida se parece com um milagre, a julgar pelas incontáveis condições necessárias para a sua existência.

Uma vez surgidas essas células arcaicas, o problema passaria a ser a sua reprodução. Como foi que essas primeiras células inventaram os inúmeros estratagemas que as conduziram ao prodígio da reprodução? De novo, uma lei escrita no próprio cerne da matéria permitiu o milagre: o primeiro esboço de código genético. Outra vez fica descartado o acaso:

> Nenhuma das operações mencionadas pôde dever-se ao acaso. Para que a união dos nucleotídeos produzisse por simples acaso uma molécula válida de RNA, seria necessário que a natureza multiplicasse às cegas as suas tentativas durante ao menos 10^{15} anos, ou seja, num tempo cem mil vezes maior que a idade total do Universo.

Pelo que vemos, a aventura da vida provém de uma tendência universal para que a matéria se organize espontaneamente em sistemas cada vez mais heterogêneos.

Mas por que a natureza produz ordem? Não podemos responder a esta pergunta se nos esquecermos de que o Universo parece ter sido regulado minuciosamente com o fim de permitir a aparição de uma matéria ordenada, e, a seguir, da vida e, por fim, da consciência. Como sublinha o astrofísico Hubert Reeves, se as leis físicas não fossem exatamente como são, não estaríamos aqui. Mais ainda: se no começo alguma das grandes constantes universais — como a gravitação, a velocidade da luz ou a constante de Planck — tivesse sofrido qualquer alteração, por mínima que fosse, o Universo não teria tido a menor possibilidade de albergar seres vivos e inteligentes, e aliás nem sequer de ele próprio ter surgido. Cito Jean Guitton mais uma vez:

> Tenho entre as mãos esta simples flor. Algo espantosamente complexo: é a dança de bilhões e bilhões de átomos — cujo número supera o de todos os possíveis seres que se possam contar no nosso planeta, ou o de todos os grãos de areia das praias —, átomos que vibram e oscilam em equilíbrios instáveis. Contemplo a flor e penso: existe no Universo algo de semelhante ao que os antigos filósofos chamaram "formas", isto é, tipos de equilíbrio que explicam que os objetos são *assim* e não de outro modo.
>
> Pois bem, nenhum dos elementos que compõem o átomo, nada do que sabemos sobre as partículas elementares, pode explicar *por que* e *como* se dão tais equilíbrios. Apoiam-se numa causa que, em sentido estrito, não me parece que pertença ao nosso universo físico.

1. Francis Collins

A ciência tem o seu campo de ação na exploração da natureza, mas é incapaz de nos dizer por que o Universo existe, qual o significado da nossa vida ou o que podemos esperar depois da morte.

O norte-americano Francis Collins é um médico geneticista, diretor do Instituto Nacional para a Pesquisa do Genoma Humano no seu país. Entre as muitas homenagens que recebeu, conta-se o prêmio Príncipe das Astúrias (2001). Pertence à elite da ciência mundial.

Numa época que costuma esgrimir a ciência como uma prova fidedigna da não existência de Deus, Collins sai-se inesperadamente com a posição contrária: guiado pela razão e pelas conquistas científicas, passa do ateísmo para a fé. Explica-o em linguagem amena num livro cujo título original — *The language of God* — é uma bela metáfora do genoma. Logo no começo, revela-nos que o seu propósito é "explicar como um cientista especializado em genética chegou a acreditar em Deus — Alguém que se encontra fora do espaço e do tempo e, ao mesmo tempo, está interessado nos assuntos de cada pessoa.

Uma anciã e C. S. Lewis

Depois de uma infância e uma juventude sem formação religiosa, Collins doutora-se em Físico-Química na Universidade de Yale. Tem vinte e dois anos, está casado e vê-se a si mesmo como um agnóstico que não deseja prestar contas a ninguém, aferrado a "esse padrão de pensamento e de conduta que C. S. Lewis denomina *cegueira deliberada*". Os seus ídolos são Einstein, Bohr, Heisenberg e Paul Dirac. Ao ler a biografia de Einstein e descobrir que o biografado não acredita no Deus da Bíblia, "reforcei a minha conclusão de que nenhum cientista inteligente pode sustentar seriamente a possibilidade da existência de Deus sem cometer algum tipo de suicídio intelectual. Foi assim que passei do agnosticismo para o ateísmo".

Depois forma-se em Medicina e impressiona-se com a segurança e a paz que a fé comunica a muitos dos seus pacientes, apesar das dores que padecem. Certo dia, uma velhinha que sofria de uma severa e incurável angina de peito, perguntou-lhe em que é que ele acreditava. A pergunta era pertinente, pois tinham conversado muitas vezes sobre a vida e a morte, e ela lhe tinha confiado as suas convicções cristãs.

> Senti que o meu rosto se ruborizava enquanto balbuciava: "Não sei bem". A sua surpresa diante da minha resposta trouxe-me à superfície um problema do qual vinha fugindo até então: nunca tinha considerado seriamente as razões a favor ou contra a fé. Tomar consciência disso foi uma experiência estarrecedora. Se o meu ateísmo tivesse bases sólidas, não teria eu que assumir a responsabilidade por algumas ações pelas quais não queria ser julgado? Por acaso devia prestar

1. Francis Collins

contas a alguém que não eu mesmo? A pergunta era demasiado imperiosa para evitá-la.

Foi visitar um pastor metodista que, depois de ouvi-lo atentamente, tirou da estante um pequeno livro e sugeriu-lhe que o lesse. Era o livro *Mero cristianismo*, de C. S. Lewis*, o célebre autor das *Crônicas de Nárnia*.

> Enquanto o lia, reparava que as minhas ideias contra a fé eram pueris. Lewis parecia conhecer todas as minhas objeções, às vezes antes de que eu acabasse de formulá-las. Quando percebi que era ateu, compreendi por que o autor sabia tanto do meu caminho: também tinha sido o dele.

O argumento que mais o impressionou foi a força da obrigação moral que se impõe a todos os seres humanos. Uma obrigação presente tanto no menino que se queixa porque alguma coisa "não é justa", como nos debates éticos da medicina ou na invocação aos Direitos Humanos que ninguém em seu são juízo pode negar. Um dever moral exclusivo do homem, impossível de ser explicado à luz do sistema evolucionista da seleção natural, porque me pede que cure o doente, que me esforce por recuperar quem está à beira da morte e por salvar o homem que está prestes a afogar-se, mesmo que seja meu inimigo e eu arrisque a minha própria vida. Uma lei moral que não é específica de nenhuma cultura, pois nas suas linhas fundamentais é a mesma para todas. Por isso, também não é um produto cultural, como podem sê-lo as inúmeras línguas faladas pelos homens. Então, se não procede da

---

*   Quadrante, São Paulo, 1997.

cultura nem da biologia, de onde procede? Vejamos a resposta que Collins encontra em Lewis:

> Se Deus é externo ao mundo e diferente dele, não o podemos identificar com nada do que existe no mundo, do mesmo modo que um arquiteto não pode ser identificado com as paredes ou as escadas dos seus edifícios. A única maneira de Ele se mostrar a nós será dentro de nós mesmos, como uma sugestão ou ordem para agir de determinado modo. E isso é exatamente o que encontramos dentro de nós mesmos.

São palavras de Lewis que convencem plenamente o médico:

> Ao deparar com esse argumento aos meus vinte e seis anos, a sua lógica deixou-me pasmado. Aqui dentro, escondido no meu próprio coração de um modo tão familiar como é a experiência diária, surgiu um princípio esclarecedor: a lei moral que iluminava os recantos do meu infantil ateísmo.
> Comecei uma viagem de caráter intelectual para confirmar o meu ateísmo, que se desmanchava à medida que a lei moral e outras muitas questões me empurravam a admitir a hipótese de Deus. O agnosticismo — refúgio de segunda mão — mostrava-se aos meus olhos como uma grande evasiva, e crer em Deus parecia-me mais racional do que não crer.

A linguagem bioquímica de Deus

O genoma humano são as instruções de construção do corpo humano. Trata-se de um texto de três milhões de caracteres, escrito em cada uma de nossas células com um alfabeto de quatro letras. Esse texto, possuem-no cada um dos bilhões de células de um corpo humano, nas suas moléculas de DNA. Foi descoberto por Watson e Crick nos começos do século XX, mas só foi decifrado no ano 2000.

Ao terminar o seu Doutorado em Bioquímica, Francis Collins decide matricular-se em Medicina. Nas aulas de genética, fica "maravilhado com a elegância do código do DNA" e a sua enorme capacidade terapêutica: "Para mim, como médico, a possibilidade de abrir as páginas do livro de texto mais poderoso da Medicina era extremamente atraente". Anos mais tarde, quando Watson abandona a direção do Projeto Genoma Humano, todo o processo de escolha do novo diretor aponta para Collins, que assume o cargo e trabalha uma década "numa montanha russa de experiências desenfreadas". A sua equipe de pesquisadores trabalha simultaneamente em vinte centros espalhados por seis países, e consegue transcrever 1000 pares básicos por segundo. Em fins de abril de 2000, os dois mil cientistas coordenados por Collins conseguem um rascunho inicial.

> Foi assim que me encontrei de pé, ao lado do Presidente dos Estados Unidos, na Sala Oval da Casa Branca, em 26 de junho de 2000, no momento em que Bill Clinton anunciava que se tinha transcrito o primeiro rascunho do livro de instruções do corpo humano, e que tinha sido revelada a linguagem de Deus.

O Presidente teve o privilégio de anunciá-lo ao mundo com estas palavras:

> Sem dúvida, este é o mapa mais importante e maravilhoso jamais produzido pela humanidade. Hoje

estamos a aprender a linguagem com a qual Deus criou a vida.

Collins continuou a liderar por mais três anos o Projeto Genoma. Para ele, como cristão, a revelação da sequência do genoma humano tinha um significado especial, porque se tratava do texto com o qual Deus dava a bilhões de seres humanos a ordem de viver:

> Sentia-me cheio de assombro ao explorar o mais importante de todos os textos biológicos. É verdade que está escrito numa linguagem que mal entendemos, e serão precisas décadas ou até séculos para compreender todas as suas instruções, mas atravessamos uma ponte rumo a um território profundamente novo.

Depois destas palavras, Collins recorda-nos que o objetivo do seu livro não é cantar a excelência das suas pesquisas, mas refletir sobre a profunda harmonia entre a ciência e a crença em Deus:

> O Deus da Bíblia é também o Deus do genoma. Pode ser adorado na catedral ou num laboratório, porque a sua criação é majestosa, surpreendente, muito complexa e bela, e não pode estar em guerra consigo mesma. Somente nós, humanos imperfeitos, podemos iniciar tais batalhas. E somente nós podemos terminá-las.

Implicações teológicas do Big Bang

Collins conta-nos que Copérnico, ao descobrir que a Terra gira à volta do Sol, descobriu também uma oportunidade de celebrar a grandeza de Deus, como ele próprio reconhece:

> Conhecer as poderosas obras de Deus, compreender a sua sabedoria, majestade e poder, captar o funcionamento das suas leis, tem de ser, com toda a certeza, um modo adequado e aprazível de adorar o Altíssimo, pois a ignorância não pode ser mais agradecida do que o conhecimento.

Nessa linha de reflexão sobre a harmonia entre a fé cristã e a ciência, Collins dedica um sugestivo capítulo à origem do Universo. E recorda-nos que a sua expansão — observada, medida e anunciada por Edwin Hubble em 1929 — deu origem a um dilúvio de medições e a uma conclusão admitida por quase todos os físicos e cosmólogos: que o Universo nasceu há catorze bilhões de anos, num momento batizado por Fred Hoyle como Big Bang. Essa Grande Explosão implica necessariamente outra pergunta: que coisa ou quem a provocou? Isto é: o que havia antes do Big Bang? Collins cita neste ponto o prestigioso astrofísico Robert Jastrow:

> Para o cientista que viveu da crença no poder da razão, a história da ciência encerra-se como um pesadelo: escalou a montanha da ignorância, está perto de conquistar o pico mais alto e, quando escala o último penhasco, vem cumprimentá-lo um monte de teólogos que estavam ali sentados havia séculos.

Em outra página de *Deus e os astrônomos*, o agnóstico Jastrow — que foi diretor do Instituto de Estudos Espaciais da NASA — afirma que o relato bíblico do *Gênesis* coincide, essencialmente, com o relato da Astrofísica. E acrescenta: "A cadeia de fenômenos que desemboca no homem começou repentinamente num momento concreto, como um relâmpago de luz e energia". Depois de citar essa declaração, Collins comenta:

> Tenho de concordar. O Big Bang exige uma explicação divina, obriga a concluir que o Universo teve um inicio definido. Não vejo como a natureza tivesse podido criar-se a si mesma. Só uma força sobrenatural, fora do espaço e do tempo, poderia tê-lo feito.

Encerro este resumo do itinerário intelectual de Collins com umas palavras que me parecem especialmente esclarecedoras:

> Será que ainda existe a possibilidade de alcançarmos uma harmonia fecunda entre a visão científica e a visão religiosa do mundo? Eu respondo com um sonoro SIM! Na minha opinião, não existe nenhum conflito entre crer num Deus que se preocupa pessoalmente com cada um de nós, e ser, ao mesmo tempo, um rigoroso cientista. A ciência tem o seu campo de ação na exploração da natureza, mas é incapaz de nos dizer por que existe o Universo, qual o sentido da nossa vida ou o que podemos esperar depois da morte.

2. Ernesto Sábato

> *Na solidão do meu quarto, abatido pela morte de Jorge [o filho], perguntei-me por que Deus parece esconder-se por trás do sofrimento.*

Em 1998, com quase noventa anos de idade, embarcado "nessa complexa, contraditória e inexplicável viagem para a morte que é a vida de qualquer um", Ernesto Sábato (1911-2011) escreve Antes do fim. Um livro atípico, testamento intelectual e existencial de um romancista e ensaísta também atípico, comprometido desde a juventude com a justiça, apaixonado pela beleza, obcecado pela verdade, pelo sentido dos "momentos fundamentais da existência: o nascimento, o amor, a dor e a morte".

Para quem escreve Antes do fim?

Escrevo-o sobretudo para os adolescentes e jovens, mas também para os que, como eu, se aproximam da morte, e se perguntam para que e por que viveram e suportaram, sonharam, escreveram, pintaram ou, simplesmente, entrançaram cadeiras de vime.

Além disso, este livro "talvez ajude a encontrar um sentido de transcendência neste mundo crivado de horrores", onde também descobrimos, na formosura da natureza, na emoção da arte, na nobreza de tantos gestos humanos, "modestíssimas mensagens que a Divindade nos dá da sua existência".

Sábato reflete enquanto desfia a sua própria biografia, que resume como "uma vida cheia de erros, desconjuntada, caótica, numa desesperada procura da verdade".

> A partir dos dezesseis anos, comecei a participar de grupos anarquistas e comunistas, porque nunca suportei a injustiça social.
> No meio da crise total da civilização que se levantou no Ocidente pela primazia da técnica e dos bens materiais, fomos milhares os jovens que dirigimos os olhos para a grande revolução que na Rússia parecia anunciar a liberdade do homem.

Com o decorrer do tempo, esse rapaz idealista abandona o marxismo-leninismo, "pela convicção profunda de que me encontrava diante de um disparate filosófico"; e "todos os diálogos e experiências que conheci através dos militantes de outros países acabaram por fender e deitar abaixo de forma irreversível a frágil construção que forjara na minha mente".

O jovem nascido nos pampas argentinos empreendeu com êxito uma carreira altamente especializada no mundo científico e chegou até a trabalhar no laboratório Curie de Paris. Mas reconhece que ali, "numa das mais altas metas a que podia aspirar um físico, encontrei-me vazio de sentido". E procurou refúgio na escrita.

> Extraviado num mundo em decomposição, entre restos de ideologias em bancarrota, a escrita foi para mim o meio fundamental, o mais absoluto e poderoso, que me permitiu exprimir o caos em que me debatia.

O vazio de sentido que sempre oprimiu Sábato estava relacionado com o mais perverso dos efeitos do progresso científico e econômico: a coisificação do homem, a sua desumanização. Já denunciava esse perigo em 1959, no seu livro *Homens e engrenagens*:

> O capitalismo moderno e a ciência positiva são as duas caras de uma mesma realidade despossuída de atributos concretos, de uma abstrata fantasmagoria da qual também faz parte o homem, mas não já o homem concreto e individual, e sim o homem-massa, esse estranho ser com traços ainda humanos, com olhos e pranto, voz e emoções, mas na verdade engrenagem de uma gigantesca máquina anônima. Este é o destino contraditório daquele semideus renascentista que reivindicou a sua individualidade, que orgulhosamente se levantou contra Deus, proclamando a sua vontade de domínio e de transformação das coisas. Ignorava que também ele chegaria a transformar-se em coisa.

Sábato ilustra eficazmente essa lancinante desumanização em tristes páginas sobre o terrorismo internacional, os conflitos bélicos de fins do século ou a exploração infantil, e confirma que Hannah Arendt tinha razão ao afirmar, já nos anos cinquenta, que a crueldade do século XX seria insuperável.

Ao chegar à velhice, a dor repete a sua mordida insuportável com a morte da esposa e do filho do escritor.

> Passo junto à porta do quarto onde morreu Matilde, depois de uma dura e longa doença que a deixou prostrada durante anos [...]. Quanta aflição! Como vai ficando às escuras esta casa em outro tempo cheia dos gritos das crianças, dos aniversários infantis, dos contos que Matilde inventava à noite para fazer os netos dormirem. Quão longe, meu Deus, aquelas tardes em que os amigos vinham conversar com ela.
> Foi nos seus derradeiros anos, quando a vi desfeita pela doença, que mais a amei.

A dor, como vimos repetidamente, desperta de maneira cruciante a pergunta sobre Deus. Um Deus cuja existência ou cuja bondade são salpicadas pela própria dor e interditadas.

> A tarde desaparece imperceptivelmente e vejo-me rodeado pela escuridão que acaba por agravar as dúvidas, os desalentos, a descrença num Deus que justifique tanta dor.
> Neste entardecer de 1998, continuo a escutar a música que ele [o filho Jorge] amava, e aguardo com infinita esperança o momento de nos reencontrarmos nesse outro mundo, nesse mundo que talvez, talvez exista.
> Como manter a fé, como não duvidar quando morre uma criancinha de fome, ou no meio de grandes dores, de leucemia ou de meningite, ou quando um aposentado se enforca porque está só, velho, faminto e sem ninguém?

2. Ernesto Sábato

Ao mesmo tempo, Deus é ardentemente desejado como garantia de imortalidade e como Pai compassivo.

> Depois da morte de Jorge, já não sou o mesmo, converti-me num ser extremamente necessitado, que não para de procurar um indício que mostre essa eternidade onde recuperar o seu abraço.
> Na minha impossibilidade de devolver a vida ao meu filho, fui atrás das religiões, da parapsicologia, dos falatórios esotéricos, mas não procurava a Deus como uma afirmação ou uma negação, e sim como uma pessoa que me salvasse, que me levasse pela mão como se leva pela mão uma criança que sofre.
> Faz pouco, vi pela televisão uma mulher que sorria com imenso e modesto amor. Comoveu-me a ternura dessa mãe de Corrientes ou do Paraguai, que lacrimejava de felicidade ao lado dos seus trigêmeos que acabavam de nascer num mísero hospital, sem se abater ante o pensamento de que esses filhinhos, como os demais filhos, tinham à espera deles o desamparo de uma casinha miserável, inundada naquele momento pelas águas do Paraná. Não será Deus que se manifesta nessas mães?

Como Antonio Machado escreveu de si mesmo, vemos Ernesto Sábato sempre à procura de Deus por entre névoas. "Um Deus em cuja fé nunca consegui manter-me por completo, já que me considero um espírito religioso, mas, ao mesmo tempo, cheio de contradições".

> Muitos questionaram a existência desse Deus bondoso, que, no entanto, permite o sofrimento de seres totalmente inocentes. Uma santa como Teresa de Lisieux teve dúvidas [de fé] até momentos antes de falecer; e, no meio do tormento, as Irmãs ouviram-na

dizer: "A blasfêmia chega-me até à alma". Von Balthasar dizia que, enquanto houvesse na terra alguém que sofresse, a simples ideia do bem-estar celestial lhe causava uma irritação semelhante à de Ivan Karamazov. No entanto, depois morre na fé mais inocente, absoluta, como também Dostoiévski, Kierkegaard e o endemoninhado Rimbaud, que no seu leito suplica à irmã que lhe administrem os sacramentos.

E, então, quando abandono esses raciocínios que acabam sempre por confundir-me, reconforta-me a imagem daquele Cristo que também padeceu a ausência do Pai.

Por fim:

Eu oscilo entre o desespero e a esperança, mas é esta que sempre prevalece [...]. Pela persistência deste sentimento tão profundo como disparatado, alheio a toda a lógica — como é infeliz o homem que só conta com a razão! —, salvamo-nos, uma vez e outra.

3. Fiódor Dostoiévski

Que faremos, se Deus não existe, se acontece que Rakitin tem razão ao pretender que se trata de uma ideia inventada pela humanidade? Nesse caso, o homem seria o rei do mundo. Magnífico. Mas eu me pergunto: como poderia agir bem sem Deus, a quem o homem iria amar, a quem cantaria hinos de louvor?

Com romances como *Crime e castigo*, *O idiota* e *Os irmãos Karamazov*, Fiódor Dostoiévski (1821-1881) ocupa um lugar de honra na história da literatura universal. Toda a vida do escritor estará marcada e agitada por uma doença nervosa (a epilepsia), pelo endividamento econômico e por uma condenação à morte comutada por vários anos de prisão na Sibéria.

Hoje, 22 de dezembro, levaram-nos à praça Semiónovskaya. Ali leram-nos a todos a sentença de morte, permitiram-nos beijar a cruz, voltearam as espadas sobre as nossas cabeças e ataviaram-nos com as camisas brancas para recebermos a morte. Depois, amarraram os três primeiros ao poste para executá-los. Eu era o sexto e chamavam-nos de três em três. Portanto, estava no segundo grupo e não me restavam senão uns minutos de vida. Nisso, ouviu-se o toque de retirada. Os que estavam amarrados ao poste foram devolvidos ao seu lugar e comunicaram-nos a todos que Sua Majestade Imperial nos concedia a vida.

Assim relata Dostoiévski ao seu irmão Mikail o cruel simulacro de execução a que foi submetido em 1849. Tinha sido acusado, juntamente com outros vinte e sete jovens intelectuais que pertenciam ao chamado Círculo de Petrashevski, de atentar contra a segurança do Estado. A sentença do tribunal militar condenava-o a oito anos de trabalhos forçados na Sibéria "por ter alimentado projetos criminosos e divulgado a carta do literato Bielinski".

Nas reuniões organizadas em casa de Petrashevski, difundiam-se as ideias dos socialistas utópicos e dos comunistas. A carta do grande crítico literário Bielinski dizia que "as questões de mais viva atualidade na Rússia são neste momento a liquidação do regime de servidão, a supressão dos castigos corporais e a aplicação estrita ao menos das leis já existentes. Isto é sentido até pelo próprio Governo (que sabe muito bem o que fazem os proprietários de terras com os seus camponeses e quantos os primeiros degolam anualmente os segundos)".

A prisão na Sibéria

Dostoiévski foi despojado do seu título de nobreza, da sua graduação militar (tenente de engenharia) e dos seus direitos civis. Enviado ao presídio militar de Omsk, cumpriu a sua pena de janeiro de 1850 a fevereiro de 1854. A seguir, serviu na Sibéria como soldado raso até 1859. Depois de lhe serem devolvidos os direitos civis, foi autorizado a regressar a São Petersburgo, cidade

3. Fiódor Dostoiévski

onde pôde prosseguir o seu trabalho de escritor. Em 1860, publica *Recordações da casa dos mortos*, obra única e irrepetível não só por ter como pano de fundo a sua experiência de presidiário, mas também por nela alcançar um complexo e fascinante equilíbrio entre autobiografia, ensaio e ficção. As condições materiais da colônia penal siberiana eram duríssimas.

> Vivíamos comprimidos todos numa barraca. Imagine uma construção de madeira velha e em ruínas, que se julgava ter sido derribada muitos anos antes. No verão, havia uma intolerável proximidade. No inverno, um frio insuportável. O soalho inteiro estava podre. O lixo no chão tinha quase três centímetros de espessura e fazia-nos resvalar e cair. Pulgas, piolhos e baratas aos montes. As janelas tinham também três centímetros de gelo nos vidros. No teto, goteiras, e por toda a parte correntes de ar. A lareira, com seis achas, não conseguia esquentar o ambiente, mas enchê-lo de uma fumaça irrespirável. E isso durante todo o inverno. Dormíamos sobre tábuas nuas. Estendíamos sobre os nossos corpos o agasalho de pele de ovelha, que deixava os pés a descoberto. Passávamos a noite inteira tiritando.

Na prisão de Omsk, uma dezena de prisioneiros pertencia à nobreza. Os demais eram camponeses, pessoas rudes e irritáveis, cheias de um ódio ilimitado pelos nobres.

> Fomos recebidos com hostilidade e alegravam-se com a nossa desgraça. Se tivessem tido oportunidade, ter-nos-iam comido vivos [...]. Eram cento e cinquenta inimigos que nunca se cansavam de acossar-nos [...]. E nós tínhamos de padecer toda aquela perseguição

45

e vingança contra a nobreza que era a razão das suas vidas.

Foi intolerável a miséria de todo o primeiro ano de prisão. A contínua agressividade com que os próprios prisioneiros me trataram, por ser da nobreza, envenenou toda a minha vida.

Mas um dia, deitado em cima das tábuas sobre as quais dormiam, Dostoiévski recordou-se de um incidente da sua meninice. Tinha nove anos, estava num bosque da sua fazenda e julgou ter ouvido um grito avisando-o de que havia um lobo nas redondezas. Saiu em disparada do bosque e correu para um camponês que estava ocupado em arar. Era Marey, um servo do seu pai. Chegou até ele aterrorizado e tremendo. Então Marey interrompeu o seu trabalho, sorriu para o menino "como uma mãe", abençoou-o com o sinal da cruz e garantiu-lhe que não havia nenhum lobo e que ninguém tinha gritado. Depois disse-lhe que voltasse para casa e estivesse tranquilo, que ele não o perderia de vista.

Tudo isso voltou subitamente à minha memória, com surpreendente clareza e pormenor [...]. Mesmo que eu fosse o seu único filho, ele não teria podido olhar-me com mais amor. Quem o obrigou a fazê-lo? [...] Talvez só Deus tenha visto do alto aquele profundo e moral sentimento humano, a ternura tão delicada e quase feminina que podia conter o coração de um rude camponês russo, que não esperava nem sequer suspeitava que podia ser livre.

Em resultado dessa lembrança consoladora, a atitude de Dostoiévski para com os seus companheiros de prisão experimentou uma transformação mágica.

3. Fiódor Dostoiévski

> Lembro-me de que, ao levantar-me da tarimba e observar com atenção os que me rodeavam, senti imediatamente que podia encarar aqueles desgraçados com olhos inteiramente diferentes. De repente, como que por milagre, desvaneceram-se do meu coração todo o ódio e todo o rancor. E andei pelo meio deles contemplando os seus rostos. Esse camponês desprezível, com a cabeça rapada e marcas de ferro em brasa na cara, que cambaleava por causa da bebida e vociferava a sua canção de bêbado... não podia ser Marey?

O escritor presidiário começou a mudar de olhar. É verdade que em suas *Recordações* descreveu a maldade humana, "as ações mais terríveis e anormais, e os crimes mais monstruosos, narrados com as gargalhadas mais espontâneas, mais infantilmente alegres". Mas também é verdade que ali fez a descoberta contrária: que a maioria dos camponeses encarcerados eram muito melhores do que ele pensara no começo:

> Era uma alegria descobrir o ouro debaixo da dura e áspera superfície. E não em um ou dois deles, mas em vários. Era impossível não respeitar alguns deles, e outros eram positivamente esplêndidos. Ensinei a um jovem circassiano [de uma região da Rússia perto do Cáucaso], condenado por assaltar nas estradas, a ler e escrever em russo. Cumulou-me de palavras de gratidão. Outro réu chorou ao despedir-se de mim. Costumava dar-lhe dinheiro..., pouca coisa. Mas o seu agradecimento foi infinito.

Impressionou-o a mudança que as solenidades cristãs provocavam nos reclusos. Acerca do dia de Natal, comenta que "o respeito pelo dia augusto era costume observado estritamente pelos presos. Eram muito poucos os que se embriagavam e todos se comportavam com seriedade. Os prisioneiros percebiam inconscientemente que a observância do Natal os mantinha em contato com o resto do mundo, que não estavam completamente isolados do gênero humano". Esse ambiente não se restringia aos reclusos, pois provocava uma solidariedade real:

> Chegava uma imensa quantidade de provisões: roscas, pasteizinhos de requeijão, massas, bolachas e outros saborosos alimentos parecidos. Acho que não havia na cidade uma única mãe de família que não nos enviasse alguma coisa do que tinha preparado, a modo de felicitação natalina.

Os habitantes da cidade também enviavam esmolas ao longo do ano. Algumas eram entregues aos presidiários quando passavam pelas ruas de Omsk em grupos de trabalho, arrastando os seus grilhões e escoltados. A primeira vez em que Dostoiévski experimentou esse gesto de caridade foi pouco depois de ter chegado à colônia penal. Uma menininha dos seus dez anos aproximou-se dele, pôs-lhe na mão uma moeda e disse-lhe: "Tome este copeque em nome de Cristo"; o romancista guardou-a durante muitos anos. Também entesourou outras experiências positivas, e no futuro opor-se-á com firmeza a todos os que queiram substituir os valores cristãos por uma mera ética. Experimentou o cristianismo em circunstâncias em que a sobrevivência de quaisquer princípios morais podia considerar-se um milagre. Antes de ser encerrado na colônia penal, umas mulheres tinham reconfortado o grupo de condenados:

3. Fiódor Dostoiévski

> Fizeram o sinal da cruz e entregaram-nos o Novo Testamento, único livro permitido na prisão. Tive-o debaixo do travesseiro durante os quatro anos dos meus trabalhos forçados. Lia-o de vez em quando e lia-o a outros. Servindo-me desse exemplar, ensinei um presidiário a ler.

A fé em Jesus Cristo

Essa familiaridade com as páginas evangélicas estará presente em todos os grandes romances que virá a escrever a partir de então. E não era um conhecimento teórico nem a mera aceitação de umas ideias sublimes, mas uma adesão profunda à pessoa de Jesus Cristo. Afirmava que não conhecia "nada mais belo, profundo, compreensivo, ponderado, varonil e perfeito que Cristo".

Diz Stefan Zweig que, quando Deus quer forjar um romancista, fá-lo viver toda a gama de situações e sentimentos: o mel do triunfo, o sofrimento insuportável e as cloacas da miséria humana. Foi assim que Deus criou Dostoiévski. Com a experiência siberiana, a dor física, as privações de toda a espécie, o aguilhão das paixões, o desequilíbrio nervoso e outros sérios conflitos vão fazer dele um homem torturado. Morrerá aos sessenta anos, mas terá vivido séculos de tormento. E no entanto, o seu espírito, que é complexo até à contradição, pressente a santidade da mão que o açoita: "Deus atormentou-me durante toda a minha vida", dirá pela boca de um dos seus personagens.

Toda a grande sensibilidade e emotividade do romancista alimenta a sua fé, mas isso será depois de ter superado as mais difíceis objeções intelectuais e de ter vivido

49

nas mais penosas circunstâncias. A propósito de certas críticas, ao evocar os capítulos de *Os irmãos Karamázov* que se referem ao Grande Inquisidor e ao sofrimento das crianças, escreve:

> Os ignorantes zombaram do meu obscurantismo e do caráter retrógrado da minha fé. Mas esses imbecis nem sequer concebem uma negação de Deus tão forte como a que exprimo no romance. Não se encontra em toda a Europa uma manifestação tão poderosa de ateísmo. Portanto, eu não creio em Cristo como uma criança. Foi através do torniquete da dúvida que chegou o meu hosana.

Dostoiévski conhecerá as agonias da dúvida, será pecador, mas encontrou definitivamente Cristo na prisão, encontro capital sem o qual a sua obra não teria explicação. Já se disse muitas vezes que o que tortura os seus personagens não é a doença, nem a pobreza ou o desamor: é simplesmente Deus. É como se o seu autor os livrasse das pequenas ocupações diárias para situá-los o dia inteiro diante do mistério. E assim é. Dostoiévski sente-se irresistivelmente atraído pelo coração humano, e nele descobre o seu verdadeiro mundo. Os seus personagens são de carne, mas a carne é neles joguete absoluto do espírito. São figuras quase sempre tímidas e temerosas, humilhadas, desassossegadas, confusas. Cada uma é uma chama de inquietação, um atormentado que procura a verdade aos tropeções: Quem sou? Que faço neste mundo? Que posso esperar de Deus? São criaturas que se recortam no céu da religião, obcecadas pelos problemas eternos.

3. Fiódor Dostoiévski

O silêncio de Deus

O silêncio de Deus é o problema de todas as obras de Dostoiévski, porque "é o mais premente da vida". Um problema que se cola à alma dos seus personagens como a sombra ao corpo. Não há entre eles discussão que não acabe em Deus. O grito de Kirilov — "Deus atormentou-me durante toda a minha vida" — é um grito que escapa ao próprio Dostoiévski do mais profundo do seu ser.

"Preciso de Deus porque é o único Ser a quem sempre se pode amar". Precisar de Deus e não vê-lo claramente: esse é o mistério e o suplício. Na alma de Dostoiévski, lutam até à morte a fé e a incredulidade, e as suas criaturas encarnam as diversas possibilidades de ambos os polos. O coração do escritor estará com os dois bandos — com Aliosha e com Ivan —, dramaticamente dividido. Na resposta que dão às perguntas do pai, os dois irmãos Karamázov sintetizam perfeitamente a angústia interior do romancista. Eis a conversa de Fiódor Karamázov com os seus filhos:

> — Diz-me, Ivan, há Deus ou não? Responde-me a sério.
> — Não, não há Deus.
> — Aliosha, Deus existe?
> — Sim, existe.
> — Ivan, há alguma imortalidade, por pequena e modesta que seja?
> — Não, não há.
> — Nenhuma?
> — Nenhuma.
> — Aliosha, há imortalidade?
> — Sim.
> — Deus e a imortalidade juntos?

— Sim, pois Deus é o fundamento da imortalidade.
— Acho que é Ivan quem tem razão. Senhor: quanta fé e energias custou ao homem esta quimera, desde há milhares de anos! Quem zomba assim da humanidade? Ivan, pela última vez e de forma categórica: Há Deus ou não?
— Definitivamente, não.
— Quem zomba então do mundo?
— Certamente o diabo — brincou Ivan.

O Deus que se conserva em silêncio também fala. Para alguns personagens de Dostoiévski, fala pela boca e pelo exemplo de pessoas santas, fala na formosura da natureza e fala sobretudo nas páginas bíblicas. Aliosha, o mais novo dos irmãos Karamázov, tem no romance dezenove anos, e é descrito como um jovem alto e bem-apessoado, simples e realista, com um realismo que o leva a tomar muito a sério as palavras de Cristo:

Logo depois de Aliosha se ter convencido, após sérias reflexões, de que Deus e a imortalidade existiam, disse singelamente para dentro de si: "Quero viver para a imortalidade; não admito concessões". É evidente que, se tivesse admitido que não havia Deus nem imortalidade, se teria feito ateu e socialista imediatamente. Aliosha achava estranho e impossível viver como até então. Cristo tinha dito: *Se queres ser perfeito, dá tudo o que tens e segue-me*. Aliosha disse de si para si: "Não posso dar, em vez de *tudo*, dois rublos, e, em vez de *segue-me*, apenas ir à missa".

Outro dos personagens inesquecíveis de Dostoiévski, o monge ancião Zossima, conta antes de morrer a impressão

3. Fiódor Dostoiévski

que lhe causara a Bíblia quando, aos oito anos de idade, ouvira ler um trecho na igreja:

> No país de Hus, havia um homem justo e piedoso que possuía riquezas, muitos camelos, ovelhas e asnos. Mas Deus entregou ao poder do diabo o homem a quem amava tanto, e o diabo fez morrer os seus filhos e o seu gado. Jó rasgou as suas vestes e dirigiu-se a Deus com estas palavras: "Saí nu do ventre da minha mãe e nu voltarei para a terra. Deus me deu tudo e Deus mo tirou. Bendito seja Deus agora e sempre!" Perdoem, Padres, as minhas lágrimas, pois é toda a minha infância que surge diante de mim e me parece que tenho oito anos e estou, como então, estranhado, perturbado, encantado [...]. Que força milagrosa a da Sagrada Escritura dada ao homem! É como que a representação do mundo, do homem e do seu caráter. Quantos mistérios resolvidos e desmascarados!

O mesmo Zossima, ao contar que na sua juventude percorrera a Rússia com outro monge, pedindo esmolas para o seu mosteiro, recorda como aos seus olhos Deus se manifestava na natureza:

> Uma noite, jantávamos com uns pescadores à beira de um grande rio navegável. Sentou-se ao pé de nós um jovem camponês de bom aspecto, que parecia ter uns dezoito anos de idade. Tinha pressa em chegar ao seu destino para rebocar uma barca mercante. O seu olhar era doce e limpo. Era uma noite clara, tranquila e quente, uma noite de julho. Do rio subia uma brisa que nos refrescava. De vez em quando, saltava um peixe. Os pássaros tinham-se calado; só se respirava paz e tudo convidava à oração. Aquele jovem e eu

éramos os únicos que não dormíamos, conversando sobre a beleza do mundo e o seu mistério. Cada erva, cada escaravelho, uma formiga, uma abelha dourada, todos exerciam o seu papel de maneira admirável, por instinto, e testemunhavam o mistério divino, pois o cumpriam continuamente.

Zossima e o jovem falavam da marca de Deus nas suas criaturas. A cena termina assim:

> "Como são boas e maravilhosas todas as obras de Deus!", exclamou o jovem. E mergulhou num doce encantamento. Vi que tinha compreendido. Adormeceu ao meu lado com um sono leve e inocente. Que o Senhor abençoe a juventude! Antes de adormecer, rezei por ele. Senhor, envia a paz e a luz aos teus!

O super-homem contra Deus

Ao refletirmos sobre o ateísmo moderno, o super-homem concebido por Nietzsche, responsável pela morte de Deus e personificação da autonomia moral absoluta, surge como uma peça fundamental, uma referência obrigatória. Quando Nietzsche nasce, o super-homem estava já no ambiente. Em 1865, tinha aparecido no cenário literário russo o protagonista de *Crime e castigo*, Rodian Raskolnikov, decidido a demonstrar a machadadas a sua condição de super-homem. Dostoiévski no-lo apresenta como um jovem estudante de Direito obcecado por provar a si mesmo que pertence a uma espécie de homens superiores, donos absolutos da sua conduta, por cima de toda a obrigação moral. Raskolnikov escolhe uma prova definitiva da sua superioridade: cometer friamente um assassinato e atribuir a essa ação a mesma importância

3. Fiódor Dostoiévski

que se dá a um espirro ou a um passeio. Dito e feito: uma velha usurária e a sua irmã cairão sob as machadadas do homicida. Ele mesmo dirá que "não era um ser humano que destruía, mas um princípio". E assegura que não tem o menor remorso por essa ação:

> O meu crime? Que crime? É um crime matar um parasita vil e nocivo? Não posso conceber que seja mais glorioso bombardear uma cidade sitiada que matar a machadadas. Agora compreendo menos que nunca que se possa chamar crime à minha ação. Tenho a consciência tranquila.

O certo é que Raskolnikov começa a ter uma vida desequilibrada, passa por situações de alienação mental e acaba preso. E enquanto cumpre a pena na Sibéria, terá um pesadelo inapagável: sonha que o mundo é açoitado por uma peste estranhíssima. Uns micróbios transmitem a insólita loucura de fazer o contagiado acreditar que está na posse absoluta da verdade. Com isso, o homem envolve-se em discussões intermináveis, pois ninguém considera que deve ceder, e tornam-se impossíveis as relações familiares e sociais: o mundo converte-se num insuportável manicômio. Nesse sonho, as pessoas afetadas aparecem como verdadeiros loucos, pois os juízos que emitem são absolutamente subjetivos e inamovíveis, e não correspondem à realidade das coisas. É assim que Raskolnikov descobre que a sua obsessão por justificar o crime se parece com a dos loucos por ele sonhados. E é assim que Dostoiévski nos diz, com uma finura insuperável, que, para além da moral e da consciência, só se encontra o abismo da loucura.

9 ATEUS **MUDAM DE ÔNIBUS**

Essa é a pergunta decisiva que Dostoiévski formula de modo implícito ao leitor de *Crime e castigo*: Que fazer com um super-homem mentalmente desequilibrado? Vale a pena pagar pelo super-homem o preço de um psicopata?

Mas o romance não termina assim. Há um remédio para a cegueira patológica do protagonista. Quando ainda lhe restavam sete anos de reclusão, enamora-se de Sônia, uma moça muito jovem, com um passado turvo e um coração de ouro. Antes de ir para a Sibéria, tinha-lhe lançado inutilmente em rosto o seu crime:

> — Derramaste sangue.
> — Não faz assim toda a gente? — respondeu ele com fúria. — Não se derramaram sempre torrentes de sangue desde que há homens? E esses homens que empaparam a terra com o sangue dos seus semelhantes ocuparam o Capitólio e foram aclamados pela humanidade.

Preso na Sibéria, Raskolnikov encontra-se com Sônia. No dia em que sente pela primeira vez o seu amor por ela, começa a pensar que ela tem razão. Não houve argumentos, deixou de haver discussões, não foi necessária lógica alguma. Simplesmente notou que tudo lhe parecia "inexistente, como se se tivessem desvanecido o seu próprio crime e a sua condenação. Sentia a vida real, e essa vida tinha expulsado os arrazoados". Nestas palavras, Dostoiévski desvenda sutilmente uma das chaves da psicologia humana: uma coisa tão natural como o amor corrige a razão e desbarata as razões sem razão do super-homem. Raskolnikov sabia que a toda a palavra se pode opor outra, mas não encontrou palavras que pudessem medir-se com Sônia.

3. Fiódor Dostoiévski

A verdade de Sônia é a sua própria vida. Era quase uma menininha e tivera que vender o corpo para sustentar a sua família miserável, mas parece que a sua estatura moral se agita no meio dessas circunstâncias. A sua vitória não é intelectual, não se baseia em raciocínios, mas na beleza de uma conduta heroica e um coração — apesar de tudo — limpo. "Era evidente que toda aquela vergonha só a roçava de leve. Nem uma única gota da verdadeira corrupção lhe tinha manchado o coração, e ali estava ela diante dele, completamente pura.

Sônia é profundamente cristã e, quando Raskolnikov lhe pergunta ironicamente, antes de ir para a Sibéria, por que reza e o que Deus faz por ela, Sônia olha-o com dureza, manda-o calar-se e, baixando os olhos, responde-lhe com palavras imensas: "Que seria de mim sem Deus? Ele faz tudo por mim". A moça tinha um Novo Testamento e Raskolnikov quis que lhe lesse a passagem de Lázaro em que Cristo demonstrou o seu poder sobre a morte. O leitor de *Crime e castigo* assiste então a uma cena inesquecível que Dostoiévski remata com estas palavras:

> Aos poucos, vinha-se apagando na candeia a luzinha que alumiava vagamente, naquele mísero quarto, um assassino e uma prostituta, estranhamente reunidos para ler o livro eterno.

Dizia Platão que a virtude enamoraria a todos se fosse possível ver o seu semblante. Foi isso que Raskolnikov viu em Sônia: uma grandeza de coração que lhe permitia compartilhar os destinos dos outros e esquecer-se completamente de si mesma. Na última página do livro, vemos Raskolnikov deitado à noite na cama, envolvido no seu cobertor, e pensando em Sônia.

> Debaixo do travesseiro, tinha o Novo Testamento. Pegou no livro mecanicamente. Era de Sônia, o mesmo em que ela lhe tinha lido a ressurreição de Lázaro. No começo da sua vida de presidiário, temera que a moça o incomodasse continuamente falando-lhe de religião, mas observara que não fora assim. Nunca lhe mencionara as Escrituras. Ele mesmo lhe tinha pedido o livro quando estava doente, e ela o deixara ao seu lado silenciosamente. Não o abrira. Também não o abriu agora, mas um pensamento agitava-lhe a alma: "Será possível que a fé de Sônia não seja também a minha? Posso ter outras crenças que não as dela?"

A resposta da dor

O sofrimento humano — toda a dor física, psicológica e moral — aflui nos personagens de Dostoiévski. E essa suprema objeção contra Deus parece que só admite uma resposta religiosa: a que oferece maravilhosamente o *starietz* Zossima em *Os irmãos Karamázov*. Um starets é na Rússia um monge célebre pela sua santidade e sabedoria, que a gente procura em busca de confissão, consolo e conselho. Zossima é um religioso especialmente querido pelo povo, procurado por pessoas aflitas que vêm de muito longe, como essa mulher que chora de joelhos de olhar esgazeado...

> — Por que choras?
> — Choro pelo meu filho, padre. Só lhe faltavam três meses para fazer três anos. Choro pelo meu filhinho. Nikituchka e eu tivemos quatro, mas as crianças não

> vivem muito tempo entre nós. Enterrei os primeiros três e não tive tanta pena, mas não posso esquecer este último. É como se o tivesse sempre diante de mim; não se vai. Tenho a alma desfeita. Olho a sua roupinha, a sua camisita, os seus sapatinhos e não faço mais que chorar.

Nenhum recurso do entendimento, da imaginação ou da vontade parece capaz de mitigar essa dor. Por isso é admirável a resposta do monge. Primeiro, tenta consolar a mãe explicando-lhe que o menino goza agora da bem-aventurança do céu. Mas a mulher já estava convencida disso, e o que o ancião lhe diz não lhe traz nenhum consolo. Então o *starietz* compreende que se encontra diante de uma dor sem remédio, e diz-lhe serenamente:

> Também Raquel chorou assim os seus filhos e não pôde consolar-se da dor de os ter perdido. Esse mesmo destino está reservado a muitas mães. Não te consoles e chora, mas cada vez que tenhas um acesso de choro, lembra-te de que o teu filhinho é um anjo de Deus que te olha lá de cima, que vê as tuas lágrimas, e se alegra e as mostra ao Senhor. Continuarás a chorar durante muito tempo, mas depois o teu pranto se tornará doce e alegre, e as tuas lágrimas amargas serão lágrimas de purificação que apagarão pecados.

O que sucedeu não mudou, mas mudou o seu significado: agora o peso aflitivo da dor alivia-se porque conduz a Deus e é fonte de uma serena aceitação.

Em outra ocasião, o starets descobre os olhos anelantes de uma camponesa jovem e enferma.

— Por que vieste, minha filha?
— Alivie a minha alma, padre — disse ela docemente, e ajoelhou-se com uma profunda reverência até tocar o chão. — Padre, pequei e o meu pecado mete-me medo.

O monge sentou-se no último degrau do átrio e a mulher aproximou-se dele.

— Faz três anos que sou viúva — começou a dizer-lhe a meia voz. — Era impossível viver com o meu marido. Caiu de cama doente e eu pensava, olhando-o: "Que acontecerá se se restabelecer e voltar a levantar-se?" E aquela ideia não se afastava de mim...

A mulher aproximou os lábios do ouvido do monge e continuou a falar num fio de voz. Acabou logo.

— Faz três anos? — perguntou-lhe o *starietz*.
— Três anos. Antes não pensava nisso, mas agora fiquei doente e estou angustiada.

Vemos aqui uma dor causada por uma culpa objetiva. É apenas um pensamento, mas nele encerra-se o maior dos suplícios: a terrível convicção de se estar destinado à condenação eterna. O *starietz* volta a compreender tudo com admirável profundidade e oferece a única solução possível: o arrependimento diante de Deus.

— Vens de longe?
— Percorri quinhentas verstas.
— Foste confessar-te?

3. Fiódor Dostoiévski

— Confessei-me duas vezes.
— Foste admitida à comunhão?
— Admitiram-me. Mas tenho medo. Tenho medo de morrer.
— Não temas nada e não tenhas nunca medo, não te intranquilizes. Se há arrependimento, Deus perdoa tudo. Não existe pecado na terra que Deus não perdoe a quem se arrepende sinceramente. O homem não é capaz de cometer um pecado tão grande que esgote o amor infinito de Deus. Pensa sem cessar no arrependimento e apaga todo o temor. Pensa que Deus te ama como não podes imaginar, que te ama com o teu pecado e apesar do teu pecado. Há mais alegria no céu por um pecador que se arrepende do que por dez justos: há muito tempo que se escreveu isto [...]. O amor tudo redime e tudo salva. Se eu, que sou um pecador como tu, me enterneci e senti compaixão de ti, com muito mais razão a sentirá o Senhor. Vai-te e não temas.

Em Dostoiévski, é firme a convicção de que a aceitação religiosa da dor pelos pecados cometidos abre as portas ao perdão divino. Assim o testemunham as palavras de Sônia a Raskolnikov:

— Aceita a dor. É o que tens de fazer, e assim te salvarás. Depois vem a mim, e eu carregarei também a tua cruz e então rezaremos e andaremos juntos.

O Deus da alegria

E quando tiver acabado de julgar os outros, será a nossa vez. "Entrai vós também, bêbados", dirá Ele. "Entrai os de caráter fraco, os dissolutos". E nós haveremos de aproximar-nos dEle sem tremer. "Sois uns

> brutos, trazeis impressa a marca da Besta, mas vinde a mim". Então os sábios e os previdentes perguntarão: "Senhor, por que acolheis estes?" E Ele responderá: "Admito-os porque nenhum deles se julgava digno dessa honra". E abrirá os braços para nos acolher e nós nos lançaremos neles e choraremos. E naquele momento compreenderemos tudo.

Um Deus que perdoa aos seus filhos é um Deus que nos brinda alegria. Dostoiévski e os seus personagens estão convencidos disso. Entre as muitas passagens em que resplandece esta alegria, podemos deter-nos em quatro.

Na primeira, escutamos o pai de Sônia, Marmeladov, um pobre bêbado sobre o qual se abatem todos os infortúnios.

A segunda pertence a Dimitri Karamázov. É um homem culto, que aprecia as grandes conquistas do conhecimento positivista, sem confundir o universo científico com o universo real: "Como é grande a ciência que explica tudo! No entanto, noto a falta de Deus". Encarcerado e à espera de ser julgado e condenado a trabalhar vinte anos nas minas, abre o coração ao seu irmão Aliosha com umas palavras em que se esculpe o homem como um ser essencialmente religioso:

> Há bastante tempo que te queria dizer muitas coisas, mas sempre calava o essencial porque me parecia que não tinha chegado o momento. Esperei até à última hora para ser sincero. Irmão, desde que me prenderam, senti nascer em mim um novo ser [...]. Não matei o meu pai, mas aceito a expiação. Aqui, entre estes vergonhosos muros, ganhei consciência de tudo isso. Debaixo da terra, há centenas de homens

com o martelo na mão. Sim, estaremos presos, privados de liberdade, mas na nossa dor ressuscitaremos para a alegria sem a qual o homem não pode viver, nem Deus existir, pois é Ele quem a concede: é o seu grande privilégio. Senhor, que o homem se consuma na oração! Como viverei na terra sem Deus? Se o expulsarem da superfície da terra, nós o encontraremos debaixo dela! Um condenado pode passar sem Deus menos que um homem livre. E então, nós os homens subterrâneos, cantaremos das entranhas da terra um hino trágico ao Deus da alegria! Viva Deus e viva a sua alegria divina! Eu o amo!

Em Zossima, o velho e adoentado monge amado pelo povo, vemos a seguir uma alegria exultante, sem as arestas dramáticas da maior parte dos protagonistas de Dostoiévski:

> Eu bendigo todos os dias a saída do sol, o meu coração canta-lhe um hino como antes, mas prefiro o pôr do sol de raios oblíquos, evocador de doces e ternas recordações, de queridas imagens da vida, longa vida abençoada, coroada pela verdade divina que acalma, reconcilia e absolve. Sei que estou no fim da minha existência e sinto que todos os dias da minha vida se unem à vida eterna, desconhecida mas próxima, cujo pressentimento faz vibrar a minha alma de entusiasmo, ilumina o meu pensamento e me enternece o coração.

Se o perdão divino é fonte de alegria, não o é menos a promessa de uma imortalidade feliz. Assim o sente Zossima, e com essa promessa conclui-se a agitada história dos Karamázov. Na última página do romance, depois do enterro de um adolescente, vários dos companheiros de Aliosha despedem-se dele, e o leitor assiste a este diálogo encantador:

> — Karamázov! — exclamou Kolia — É verdade o que diz a religião de que ressuscitaremos dentre os mortos e todos voltaremos a ver-nos, incluído Illiusha?
> — É verdade: ressuscitaremos, voltaremos a ver-nos e contaremos uns aos outros alegremente tudo o que aconteceu — respondeu Aliosha sorrindo.
> — Como isso será bonito! — exclamou Kolia.

4. Tatiana Goricheva

A fundadora do primeiro movimento feminista russo nasceu em Leningrado em 1947. Estudou filosofia e foi educada no ateísmo oficial do regime comunista soviético. Depois de se converter ao cristianismo, desenvolveu uma intensa atividade intelectual, que a levou a ser presa e depois expulsa do país. Os parágrafos seguintes pertencem ao seu livro autobiográfico Falar de Deus é perigoso.

Uma conversão perigosa

"— Diga-me, sra. Tatiana Mihailova, de onde procede a fé em Deus que a senhora e Poresch professam? Porque os srs. foram educados numa família soviética normal e os seus pais são pessoas inteligentes e ateias. Os srs. não têm antecedentes sociais que expliquem a sua fé. Não procedem da nobreza nem dos camponeses. Por outro lado, a nossa sociedade no seu conjunto não pode ser uma provocação para nenhuma consciência religiosa; não se dão entre nós as condições para isso: não existe a exploração do homem pelo homem, faz-se por toda a parte uma propaganda ateia, todos sabem ler e escrever e ninguém continua a acreditar em fábulas. O que todos aqui estamos interessados em saber é por que a senhora acredita em semelhante absurdo, sendo como é uma pessoa com formação universitária. Por que acredita num absurdo como esse, como se fosse uma velhinha que não soubesse ler nem escrever?"

Não era a primeira vez que os homens da KGB entabulavam comigo uma conversa em tais termos. No princípio, eu começava por explicar-me na medida em que me era possível e procurava fazê-los compreender que a nossa fé não podia dever-se a nenhuma influência ocidental, que o Deus vivo estava pessoalmente na minha alma e que não há alegria maior que essa nova vida dentro da Igreja. Não sei se conseguia que entendessem alguma coisa. Penso que não. Essas gentes empenhavam-se numa luta implacável contra a fé, contra o espírito, contra aquilo que não era acessível às suas inteligências mas consideravam como a máxima ameaça e o inimigo mais perigoso. Eram assassinos, cínicos e desumanos, e tinham uma astúcia diabólica. Não encontravam uma explicação materialista para as nossas conversões ao cristianismo, mas isso não as impediu de condenar Wolodia Poresch, um homem moralmente luminoso, pacífico e de grandes dotes, a onze anos de prisão.

Se alguém me pergunta o que significa para mim o retorno a Deus, que é o que essa conversão me revelou patentemente e mudou a minha vida, posso responder-lhe com toda a simplicidade e brevidade: significa tudo. Tudo mudou em mim e à minha volta. Para dizê-lo com maior precisão: a minha vida só começou depois de eu ter encontrado Deus.

Para as pessoas que cresceram em países ocidentais, não é fácil entendê-lo. São gente nascida num mundo em que existem tradições e normas, embora já não sejam totalmente estáveis. Essas pessoas puderam desenvolver-se de um modo "normal", lendo os livros que quiseram, escolhendo os amigos e formando-se no curso que preferiram. Ou puderam retirar-se da azáfama do mundo, quer, no caso das mulheres casadas, para cuidarem amorosamente da sua família, quer para se encerrarem num mosteiro ou para se dedicarem à ciência, escolhendo para isso o seu lugar preferido.

Eu nasci, pelo contrário, num país em que os valores tradicionais da cultura, da religião e da moral foram arrancados pela raiz de propósito e com êxito; não venho de nenhum lugar e não vou para lugar algum: não tive raízes e tive que encaminhar-me para um futuro vazio e absurdo.

Na minha adolescência, tive uma amiga que tirou a vida aos quinze anos, porque não pôde suportar tudo o que a rodeava. Ao morrer, deixou escrita uma nota que dizia: "Sou uma pessoa muito má", quando na verdade era uma criatura de um coração extraordinariamente puro, que não podia tolerar a mentira nem mentir a si própria. Tirou a vida porque descobriu que não vivia como deveria e porque tinha de quebrar o vazio que a rodeava e encontrar a luz. Mas não encontrou esse caminho. Hoje, passados vinte anos após a sua morte, posso dizer em linguagem cristã o que lhe aconteceu: a minha amiga descobriu a sua condição de pecadora. Descobriu uma verdade fundamental: a de que o homem é fraco e imperfeito. Mas não descobriu a outra verdade, ainda mais importante: a de que Deus pode salvar o homem, arrancá-lo da sua condição de caído e tirá-lo das trevas mais impenetráveis. Dessa esperança, ninguém lhe tinha falado, e ela morreu oprimida pelo desespero.

Pessoalmente, não podia comparar-me à minha amiga nos seus dotes espirituais. Vivia como um animalzinho, encurralada e furiosa, sem nunca me erguer e levantar a cabeça, sem fazer qualquer tentativa de compreender ou dizer alguma coisa. Nos trabalhos escolares de redação, escrevia — como era obrigatório — que amava a minha pátria, Lênin e a minha mãe; mas isso era pura e simples mentira. Desde a minha infância, odiei tudo o que me rodeava: odiava as pessoas, com as suas minúsculas preocupações e angústias, e, mais do que odiá-las, repugnavam-me; odiava os meus pais, que se tinham tornado meus progenitores por mero acaso: oh, sim, enlouquecia de raiva ao pensar que me tinham trazido ao mundo sem o terem desejado, como fruto de um momento totalmente absurdo. Odiava até a natureza, com o seu ritmo eternamente repetido e aborrecido de verão, outono, inverno...

Na escola, nem é preciso dizê-lo, só se fomentavam as qualidades externas e combativas. Louvava-se aquele que apresentava o melhor trabalho, que podia saltar mais alto ou se distinguia sob algum aspecto. A minha meta foi então ser mais inteligente, mais capaz, mais forte que os outros. Mas nunca ninguém me disse que o valor supremo da vida não está em superar os outros, em vencê-los, mas em amá-los. Amar até a morte, como unicamente o fez o Filho do homem, a quem nós ainda não conhecíamos.

Houve um tempo em que aspirei a uma vida íntegra e coerente. Senti-me filósofa e deixei de enganar-me a mim mesma e aos outros. Mas a verdade amarga, terrível e triste estava para mim em primeiro plano, e por isso a minha existência continuava tão extraviada e contraditória como antes. De dia, por exemplo, gostava muito de ser uma aluna brilhante, o orgulho da Faculdade de Filosofia, e estava em contato com intelectuais refinados, assistia a conferências e colóquios científicos. À tarde e à noite, porém, ficava em companhia de marginais e de gente dos extratos mais baixos, ladrões, alienados e drogados. Embebedávamo-nos em tabernas e águas-furtadas. Essa atmosfera suja encantava-me.

Invadiu-me então uma melancolia sem limites. Atormentavam-me angústias incompreensíveis e frias, das quais não conseguia desembaraçar-me. Achei que ia enlouquecer. Nem sequer tinha vontade de viver. Quantos dos meus amigos daquela época caíram vítimas desse vazio horroroso e se suicidaram! Outros tornaram-se alcoólatras. Alguns estão em manicômios... Tudo parecia indicar que não tínhamos esperança alguma na vida.

Mas o vento do Espírito Santo "sopra onde quer", dá vida e ressuscita os mortos. Que foi que me aconteceu? Cansada e desiludida, fazia os meus exercícios de yoga e repetia os mantras prescritos. Convém que diga que até esse momento eu nunca tinha pronunciado uma oração; aliás, não conhecia qualquer oração. Mas o livro de yoga propunha como exercício uma prece cristã: a oração do Pai-Nosso, precisamente a oração que Nosso Senhor tinha recitado pessoalmente! Comecei a repeti-la mentalmente como um mantra, de um modo inexpressivo e automático. Mas um dia, depois de repeti-la seis vezes, subitamente, senti-me transtornada por completo. Compreendi — não com a minha inteligência ridícula, mas com todo o meu ser — que Deus existe. Ele, o Deus vivo e pessoal, que é nosso Pai, que me ama a mim e a todas as criaturas com amor de Pai! Compreendi que Ele, o Deus crucificado e ressuscitado, se fez homem por amor!

Que alegria e que luz resplandecente brotaram nesse momento no meu coração! Mas não só no meu interior. O mundo inteiro, cada pedra, cada arbusto, passaram a estar inundados de uma suave luminosidade. O mundo transformou-se para mim no manto régio e pontifical do Senhor. Assim começou a minha nova vida. Experimentei um segundo nascimento. A minha redenção era perfeitamente concreta e real. Tinha chegado de um modo repentino, embora tivesse suspirado por ela desde muito tempo antes.

A Igreja surgiu então aos meus olhos como a única ilha limpa em que realmente se pode viver. É a antítese de qualquer ideologia assassina e embrutecedora. A ideologia corrompe a personalidade, vive como um parasita dos sentimentos e da infelicidade dos homens. A Igreja é o lugar onde a pessoa amadurece em toda a sua plenitude e se comunica sem mentiras com os seus semelhantes, num trato afetivo e criador.

5. C. S. Lewis

Exijo de um amigo que confie em mim, embora eu não tenha um prova irrefutável. Se me pedisse essa prova, eu não duvidaria de que não confia em mim. De maneira semelhante, Deus pede-nos que tenhamos a generosidade, a magnanimidade de confiar numa probabilidade aceitável. Mas, e se acontecesse que acreditássemos e afinal não fosse verdade? O erro seria então mais interessante do que a realidade. Como poderia um universo idiota ter produzido criaturas cujos sonhos são muito melhores, mais vigorosos e sutis do que ele mesmo?

Ateísmo

C. S. Lewis foi um homem cheio de amigos, livros e alunos. Nasceu em 1898, e em 1925 já ensinava filosofia e literatura em Oxford. Até a morte, em 1963, foi um eminente professor, autor de célebres ensaios, contos e livros acadêmicos. A sua vida ficou marcada pela conversão que experimentou quando tinha a mesma idade que Santo Agostinho. Explica e justifica essa reviravolta radical em diversos livros escritos num estilo vivo e com uma lógica esmagadora. Lewis domina a arte de argumentar. A sua dialética esmera-se na ironia e na sutileza, tal como confessa ter aprendido de um dos seus professores:

> Se alguma vez existiu um homem que fosse um ente quase puramente lógico, esse homem foi Kirk [...]. Espantava-o que houvesse quem não desejasse ser esclarecido ou corrigido em algum ponto [...]. A menos que me superestime, acabei por converter-me num *sparring* nada desprezível. Foi para mim um grande dia aquele em que o homem que durante tanto tempo se tinha batido por demonstrar a minha imprecisão me advertiu sobre o perigo de cair numa sutileza excessiva.

Lewis era ateu porque, desde a prematura morte da sua mãe, sentia o Universo como um espaço terrivelmente frio e vazio, onde a história humana era em grande parte uma sequência de crimes, guerras, doenças e dor.

> Se me pedem que acredite que tudo isso é obra de um espírito onipotente e misericordioso, ver-me-ei obrigado a responder que todos os testemunhos apontam em direção contrária.

Mas essa argumentação estava longe de ser definitiva:

> A solidez e a facilidade dos meus argumentos suscitavam um problema: como é possível que um Universo tão mau tenha sido atribuído constantemente pelos seres humanos à atividade de um sábio e poderoso criador? Talvez os homens sejam néscios, mas é difícil que a sua estupidez chegue ao extremo de inferir diretamente o branco do negro.

5. C. S. Lewis

De qualquer modo, Lewis sentia-se mais a gosto no seu ateísmo:

> Para um covarde como eu, o Universo do materialista tinha o enorme atrativo de nos oferecer uma responsabilidade limitada. Nenhum desastre estritamente infinito podia deitar-nos a mão, pois a morte acabava com tudo [...]. O horror do universo cristão era que não tinha uma porta com um cartaz que dissesse *Saída*.

Em 1917, incorpora-se à frente francesa da Primeira Guerra Mundial. Um ano depois, adoece e é enviado ao hospital de Le Tréport, onde permanecerá três semanas.

> Foi lá que li pela primeira vez um ensaio de Chesterton. Nunca tinha ouvido falar dele nem sabia o que pretendia. Também não posso compreender muito bem por que me conquistou tão imediatamente. Era de esperar que o meu pessimismo, o meu ateísmo e o meu horror pelo sentimentalismo tivessem feito que Chesterton fosse o autor com quem menos me identificasse [...] Ao lê-lo, como ao ler MacDonald, não sabia onde me estava metendo.

Terminada a guerra, estuda filosofia e literatura inglesa em Oxford. São anos de intensa formação intelectual e de inúmeras leituras. Mas os seus livros e autores preferidos não partilhavam da sua concepção da vida:

> Todos os livros começavam a virar-se contra mim [...]. George MacDonald tinha feito por mim mais que nenhum escritor, mas era uma pena que estivesse

tão obcecado contra o cristianismo. Era bom, *apesar disso*. Chesterton tinha mais senso comum que todos os escritores modernos juntos..., prescindindo, é claro, do seu cristianismo. Johnson era um dos poucos autores que me davam a impressão de que se podia confiar totalmente, mas curiosamente tinha a mesma obsessão. Por uma estranha coincidência, acontecia o mesmo com Spencer e Milton. Mesmo entre os autores antigos encontrava o mesmo paradoxo. Os mais religiosos (Platão, Ésquilo, Virgílio) eram claramente os que de verdade me podiam alimentar. Por outro lado, parecia-me um pouco pequena a minha afinidade com os autores que não tinham a doença da religião e com os quais essa afinidade deveria ter sido total (Shaw, Wells, Mill, Gibbon, Voltaire). Não é que não gostasse deles. Todos eram entretidos, mas nada mais. Pareciam pouco profundos, demasiado simplistas. Não apareciam nas suas obras o dramatismo e a intensidade da vida.

Concluiu os seus estudos com as notas máximas e passou a fazer parte do claustro de professores do Magdalen College. Ali, novos amigos provocariam "a queda dos velhos preconceitos":

> Ao entrar pela primeira vez no mundo, tinha-me proposto (implicitamente) não confiar nunca num papista, e, ao entrar pela primeira vez na Faculdade (explicitamente), nunca confiar num filólogo. Tolkien era ambas as coisas.

No Magdalen, ensina Filosofia, mas o seu aguado hegelianismo não lhe é muito útil à hora de assumir a regência de uma cadeira:

5. C. S. Lewis

> Um professor deve esclarecer as coisas, e eu não podia explicar o Absoluto de Hegel. Referimo-nos a ninguém sabe-o-quê ou referimo-nos a uma mente sobre-humana e, portanto (também podemos admiti--lo), a uma pessoa?

Conversão

Quando volta a ler Chesterton, o ateísmo de Lewis tem os dias contados:

> Depois li o *Everlasting Man* [O homem eterno], de Chesterton, e pela primeira vez vi toda a concepção cristã da história exposta de um modo que parecia fazer sentido [...]. Pouco depois de ter acabado de ler o livro, sucedeu-me coisa muito pior. Nos começos de 1926, sentou-se no meu quarto, do outro lado da lareira, o mais convicto de todos os ateus que eu conhecia, e esse homem comentou-me que as provas da historicidade dos Evangelhos eram surpreendentemente boas. "São estranhas — continuou — essas bobagens de Fraser sobre o Deus que morre. Coisa estranha. Quase parece que isso aconteceu realmente alguma vez". Para compreender o forte impacto que isso causou em mim, seria preciso que se conhecesse esse homem (que nunca demonstrou qualquer interesse pelo cristianismo). Se ele, o cínico dos cínicos, o mais empedernido dos empedernidos, não estava a salvo, para onde poderia eu voltar-me? Será que não havia escapatória?

Lewis sente-se encurralado e descreve-nos a sua situação com uma imagem muito britânica:

> A raposa tinha sido expulsa do bosque hegeliano e corria pelo campo aberto "com toda a dor do mundo".

> Suja e cansada, com os cães de caça pisando-lhe o calcanhar. E quase toda a gente pertencia à matilha: Platão, Dante, MacDonald, Herbert, Barfield, Tolkien, Dyson, a Alegria. Toda a gente e todas as coisas se tinham unido contra mim.

Sente então que o seu Deus filosófico começa a agitar-se e levantar-se: retira o sudário, põe-se de pé e converte-se numa presença viva. A filosofia deixa de ser um jogo lógico no momento em que esse Deus renuncia à discussão e se limita a dizer: "Eu sou o Senhor".

> Imaginem-me sozinho, naquele quarto do Magdalen, noite após noite, sentindo, cada vez que a minha mente se afastava do trabalho, a aproximação contínua, inexorável, dAquele com quem tão porfiadamente não desejava encontrar-me. No final, Aquele a quem temia profundamente caiu sobre mim. Por volta da festa da Trindade de 1929, cedi, admiti que Deus era Deus e, de joelhos, rezei. Talvez eu fosse naquela noite o converso mais desalentado e negligente de toda a Inglaterra.
>
> Até então, eu tinha pensado que o centro da realidade seria uma espécie de lugar. Em vez disso, vi que era uma Pessoa.

E no dia em que identificar Jesus Cristo com essa Pessoa, saberá que deu o último passo, e recordá-lo-á sempre:

> Numa manhã ensolarada, levavam-me a Whipsnade. Quando partimos, não acreditava que Jesus Cristo fosse o Filho de Deus e, quando chegamos ao zoológico, acreditava. Mas não tinha passado todo

o trajeto sumido nos meus pensamentos nem numa grande inquietação [...]. O meu estado parecia-se mais com o de um homem que, depois de dormir muito, fica na cama imóvel, sabendo que já está acordado.

O problema da dor

O ateísmo de Lewis tinha sido fruto do seu pessimismo acerca do mundo:

> Alguns anos antes de ler Lucrécio, já sentia a força do seu argumento, que é certamente o mais forte de todos em favor do ateísmo: *Se Deus tivesse criado o mundo, não seria um mundo tão fraco e imperfeito como o que vemos.*

Anos depois da sua conversão, em 1940, Lewis é incumbido de escrever *The problem of pain* [O problema da dor]. Se Deus fosse bom e todo-poderoso, não poderia impedir o mal e fazer triunfar o bem e a felicidade entre os homens? Nessas páginas que se tornaram famosas, Lewis reconhece que é muito difícil imaginar um mundo em que Deus corrigisse os contínuos abusos cometidos pelo livre-arbítrio das suas criaturas. Um mundo em que o taco de beisebol se convertesse em papel ao usá-lo como arma ou onde o ar se negasse a obedecer quando quiséssemos emitir ondas sonoras portadoras de mentiras e insultos.

> Num mundo assim, seria impossível praticar más ações, mas isso significaria anular a liberdade humana. Mais ainda: se levássemos o princípio às suas últimas consequências, seriam impossíveis os maus pensamentos, pois a massa cerebral utilizada para pensar se

> negaria a cumprir a sua função quando procurássemos concebê-los. E assim, a matéria à volta de um homem malvado estaria exposta a sofrer alterações imprevisíveis. Por isso, se quiséssemos excluir do mundo o sofrimento acarretado pela ordem natural e pela existência de vontades livres, descobriríamos que, para consegui-lo, seria preciso suprimir a própria vida.

Mas isso não mostra o sentido da dor, se é que tem algum, nem demonstra que Deus pode continuar a ser bom quando a permite. Para tentar explicar este mistério, Lewis recorre à que talvez seja a mais genial das suas intuições. A dor, a injustiça e o erro — diz-nos — são três espécies de mal com uma curiosa diferença: a injustiça e o erro podem ser ignorados por quem vive dentro deles, ao passo que a dor não pode ser ignorada, é um mal sem máscaras, inequívoco: todas as pessoas sabem que alguma coisa vai mal quando sofrem. Acontece que Deus — afirma Lewis — nos fala por meio da consciência e nos grita por meio das nossas dores: serve-se delas como um alto-falante para acordar um mundo surdo.

Lewis explica que um homem injusto a quem a vida sorri não sente a necessidade de corrigir a sua conduta errada. Mas o sofrimento destrói a ilusão de que tudo vai bem.

> A dor como alto-falante de Deus é, sem a menor dúvida, um instrumento terrível. Pode levar a uma definitiva e contumaz revolta. Mas também pode ser a única oportunidade de o malvado se corrigir. A dor tira o véu da aparência e desfralda a bandeira da verdade dentro da cidadela da alma rebelde.

Lewis não diz que a dor não seja dolorosa: "Se eu conhecesse algum modo de escapar-lhe, arrastar-me-ia pelas cloacas para encontrá-lo". O seu propósito é pôr de manifesto como é conforme com a razão e verossímil a velha doutrina cristã sobre a possibilidade de nos aperfeiçoarmos por meio das tribulações.

Deus ou as leis da natureza?

Um amigo de Lewis conta-lhe o caso de uma pobre mulher que pensa que o seu filho sobreviveu na batalha de Arnhem porque ela rezou por ele. E acrescenta que seria cruel explicar a essa mulher que, na verdade, o seu filho sobreviveu porque se encontrava um pouco à esquerda ou um pouco à direita das balas, que seguiam uma trajetória prescrita pelas leis da natureza.

Lewis diz ao amigo que a bala, o gatilho, o campo de batalha e os soldados não são leis da natureza, mas coisas que obedecem às leis. E dá este exemplo: podemos acrescentar cinco dólares a outros cinco, e teremos dez dólares, mas a aritmética por si mesma não porá um só dólar no nosso bolso. Isso significa que as leis explicam todas as coisas exceto a origem das coisas, e essa é uma imensa exceção.

Lewis conclui a sua argumentação com uma deslumbrante comparação literária:

> Em *Hamlet*, quebra-se o galho de uma árvore e Ofélia cai no rio e afoga-se. Isso acontece porque o galho se quebrou ou porque Shakespeare quer que Ofélia morra nessa cena? Você pode escolher a resposta que mais lhe agrade, mas a alternativa não é real porque Shakespeare é o autor da obra inteira.

6. André Frossard

> *Conheço a verdade sobre a mais disputada das questões e o mais antigo dos processos: Deus existe. Eu o encontrei. Se nesta espécie de aventura coubesse o azar, diria que o encontrei por acaso, com o assombro de alguém que, ao dobrar a esquina de uma rua de Paris, visse, em vez da praça ou do cruzamento habituais, um mar inesperado que atingisse com as suas ondas o térreo das casas e se espraiasse até o infinito. Foi um momento de pasmo que ainda dura. Nunca me acostumei à existência de Deus.*

Se André Frossard (1915-1995) não tivesse sido um jornalista francês de prestígio, clarividente e equilibrado, tê-lo-iam tomado por doido. Filho do primeiro Secretário do Partido Comunista francês, considerava-se um ateu perfeito, desses que nem se perguntam pelo seu ateísmo. Os próprios anticlericais lhe pareciam um pouco patéticos e ridículos, como seriam uns historiadores empenhados em refutar o conto da *Chapeuzinho Vermelho*. Achava, além disso, que não faziam mais do que prolongar em vão um debate encerrado pela Razão muito tempo atrás, pois era evidente que Deus não existia, que o Céu estava deserto e a Terra era uma combinação de elementos reunidos por obra do acaso.

Era um cético. De qualquer modo,

> se admitisse a possibilidade de alguma verdade, os padres seriam as últimas pessoas a quem iria perguntar, e a Igreja — que não conheço senão por algumas das suas trafulhices temporais —, o último lugar onde iria procurá-la.

No entanto, uma tarde, entrará numa capela do Quartier Latin de Paris, enquanto esperava por um amigo. Entrará cético e ateu de extrema-esquerda, e sairá, cinco minutos depois, católico, apostólico e romano, *arrastado pela vaga de uma alegria inesgotável*. Entrará com vinte anos e sairá como uma criança, com os olhos esbugalhados pelo que vê através do imenso rasgão que acaba de abrir-se no teto do mundo. E quando se dispuser a escrever o que experimentou, resumirá tudo num livro famoso: *Deus existe. Eu o encontrei*.

Mas Frossard reconhece-se incapaz de descrever o caminho que o levou a Deus, pela simples razão de que não houve tal caminho.

> Pensava em alguma outra coisa quando caí numa espécie de emboscada. De modo que este livro não conta como cheguei ao cristianismo, mas como não o procurava quando o encontrei. Não é o relato de uma evolução intelectual, mas a resenha de um acontecimento fortuito, mais ou menos como o relatório sobre um acidente.

6. André Frossard

Dois ou três minutos depois de ter entrado na capela, desencadeia-se um prodígio cuja violência vai desmantelar num instante tudo o que Frossard pensava e vivia. Ser-lhe-á mostrado

> um mundo diferente, de um resplendor e de uma densidade que põem o nosso num canto entre as sombras frágeis dos sonhos incompletos. Esse mundo é a realidade, é a verdade, vejo-o da margem obscura onde ainda estou retido. Há uma ordem no universo e, no seu vértice, para além do véu de brumas resplandecentes, a evidência de Deus. A evidência feita presença e feita pessoa dAquele a quem eu teria negado um momento antes, a quem os cristãos chamam *Pai nosso*, e de quem experimento a doçura, uma doçura que não se assemelha a nenhuma outra.
>
> Tudo está dominado pela presença — para além e através de uma imensa assembleia — dAquele cujo nome jamais poderia escrever sem o temor de ferir a sua ternura, de Quem tenho a felicidade de ser uma criança perdoada, que acorda para verificar que tudo é dom.

Um sacerdote encarregou-se de prepará-lo para o batismo.

> O que me disse da doutrina cristã, tudo isso eu o esperava e recebi com alegria. O ensinamento da Igreja era verdade até a última vírgula, e a cada linha eu prestava a minha adesão com um repicar de aclamações, como se comemora uma flecha que acerta no alvo. Uma só coisa me surpreendeu: a Eucaristia. Não é que me parecesse incrível, mas maravilhava-me que o amor divino tivesse encontrado essa forma

inaudita de comunicar-se, e sobretudo que para isso tivesse escolhido o pão, que é alimento do pobre e alimento preferido das crianças. De todos os dons que o cristianismo me oferecia, esse era o mais belo.

A avalanche de perguntas suscitadas pelo livro *Deus existe* provocou a resposta em outro livro: *Há um outro mundo?** Nele, Frossard começa por afirmar a existência de um mundo cujo espaço não é o nosso, cujo tempo também não é o nosso, que não pertence ao nosso universo nem se rege pelas nossas leis:

> Com o olhar do espírito, vi-o surgir mais belo que a beleza, mais luminoso que a luz. Seria um grande erro imaginá-lo descolorido e fantasmagórico, como se fosse menos concreto que o nosso mundo sensível. A verdade é o contrário: é um mundo de uma plenitude e uma densidade prodigiosas. É a realidade, a realidade última, a que faz as coisas serem o que são. Para esse mundo, onde terá lugar a ressurreição dos corpos, para esse mundo nos dirigimos todos. Não entraremos numa espécie de nuvem etérea, mas no coração da própria vida, e ali experimentaremos essa inaudita alegria, multiplicada por toda a felicidade que espalha à sua volta, e pelo mistério central da efusão divina.

Embora já o tivesse escrito, Frossard vê-se obrigado a repetir nesse segundo livro que entrou ateu e por acaso numa capela de Paris e, uns minutos depois, saiu de lá católico. Também repetirá, para eliminar qualquer suspeita de simpatia prévia, que estava muito longe da Igreja:

---

* Quadrante, São Paulo, 2003.

6. André Frossard

> Nenhuma instituição me era tão estranha como a Igreja Católica, nem tão antipática, diria até, se a palavra não incluísse um matiz de hostilidade que não combina com o meu modo de ser. Era como a Lua, o planeta Marte. Voltaire não a tinha elogiado, e eu só lia Voltaire e Rousseau desde os meus doze anos. Não obstante, foi a ela, e a nenhuma outra, que fui devolvido, remetido ou confiado, não sei bem, como a uma nova família.

A educação do jovem Frossard incluía as principais objeções que se têm formulado contra a Igreja Católica:

> Como teria eu podido aprender alguma coisa de útil e verdadeiro sobre a Igreja? Os livros que eu lera só me tinham falado dela em termos difamatórios: agarravam-se aos seus deslizes e acentuavam as suas faltas, esqueciam as suas boas obras e ignoravam as suas grandezas [...]. Esses livros reconheciam o antigo poder da Igreja, mas faziam-no para melhor censurar o uso que fizera dele: a sua história era a de uma longa e lucrativa empresa dominadora com máscara filantrópica, pois só pregava a humildade para obter resignação, e a esperança para não ouvir falar de justiça. Citavam com prazer os inquisidores e os Papas briguentos, mas nunca falavam dos mártires nem dos santos [...]. Eram prolixos ao falarem da cabeça política da Igreja terrestre, mas mudos quanto ao seu coração evangélico. Eu conhecia tudo sobre Júlio II e ignorava por completo os transportes poéticos de Francisco de Assis.
> Não me tinham dito que, se a Igreja nem sempre travou neste mundo o bom combate, pelo menos guardou a fé, e que unicamente a fé nos fez amistosa esta terra. Não me tinham dito que a Igreja nos deu um rosto aos que não sabemos exatamente se somos

deuses ou vermes sujos de lama, se somos o adorno supremo do universo ou um débil aglomerado retorcido de moléculas numa parcela de lodo perdida num oceano de silêncio. A Igreja sabia — e vimos que era a única a sabê-lo neste século de terror — o que são a deportação e a morte; sabia que o homem é um ser que ao fim e ao cabo só conta para Deus.

Esses livros não me tinham dito que a Igreja nos salva de todas as arbitrariedades a que — indefesos — somos entregues quando não a escutamos [...]. Não me diziam que, pelas suas promessas de eternidade, a Igreja fez de cada um de nós uma pessoa insubstituível, antes de a nossa renúncia ao infinito ter feito de nós um átomo efêmero [...]. Não me diziam que os dogmas da Igreja são as únicas janelas rasgadas no muro da noite que nos envolve e que o único caminho aberto em direção à alegria é o lajeado das suas catedrais, gasto pelas lágrimas.

O Deus de Frossard não é o Ser vago e anônimo da filosofia, mas o Ser que a ordem do mundo sugere, que a beleza propõe, que o pensamento deseja. Um Ser tal que, desde o dia em que o encontramos — faça o que a natureza fizer e digam o que os homens disserem —, já não voltamos a falar senão dEle.

O inesquecível episódio da capela de Paris fará com que, muitos anos depois, o velho jornalista escreva palavras em que continua a vibrar a emoção da grande descoberta:

> Meu Deus! Entro nas tuas igrejas desertas, vejo bruxulear ao longe, na penumbra, a lamparina vermelha dos teus sacrários, e lembro-me da minha alegria. Como poderia tê-la esquecido? Como é possível deixar

6. André Frossard

cair no esquecimento o dia em que se descobriu — entre as paredes de uma capela fendida subitamente pela luz — o amor desconhecido por meio do qual se ama e se respira; o dia em que se aprendeu que o homem não está só, que uma invisível presença o atravessa, o rodeia e espera; que, para além dos sentidos e da imaginação, existe outro mundo onde, em comparação com este universo material, por mais belo que seja e por mais imprescindível que saiba fazer-se, não é senão vapor incerto e longínquo reflexo da beleza que o criou? Porque há outro mundo. E não falo dele por hipótese, por raciocínio ou por ter ouvido dizer. Falo por experiência.

7. Edith Stein

A minha sede de verdade era toda ela uma oração em si mesma.

Edith Stein (1891-1942), a mais nova de uma família de alemães judeus, foi educada pelo padrão de um elevado código ético integrado por virtudes como a sinceridade, o trabalho, o sacrifício e a lealdade*. Na sua magnífica autobiografia, que tem por título *Estrelas amarelas*, conta--nos que conhecia a religião judaica, mas não acreditava nela nem a praticava, e que a sua busca apaixonada da verdade a levou a estudar Filosofia na Universidade de Göttingen, porque era lá que dava aulas Edmund Husserl, famoso pela sua obra *Investigações lógicas*. Husserl, que tinha trocado a Matemática pela Filosofia, desfrutava de um imenso prestígio e desmascarava o cienticifismo

---

* Para um perfil mais abrangente da vida de Edith Stein, cfr. Elisabeth Kawa, *Edith Stein. A abençoada pela cruz*, Quadrante, São Paulo, 2017.

com palavras severas: "A ciência não tem nada a dizer sobre a angústia da nossa vida, pois exclui por princípio as questões mais candentes para a nossa desditada época: as questões do sentido ou falta de sentido da existência humana".

Edith Stein participa ativa e gozosamente da vida universitária. Esses anos serão para ela uma etapa de especial amadurecimento:

> Todas as pequenas bonificações que nos proporcionava a nossa carteirinha de estudantes — descontos para o teatro, concertos e os outros espetáculos — eram vistas por mim como um cuidado amoroso do Estado pelos seus filhos prediletos, e despertavam em mim o desejo de corresponder mais tarde com o agradecimento à sociedade e ao Estado mediante o exercício da minha profissão. Indignava-me a indiferença com que a maioria dos meus colegas encarava os problemas sociais. Alguns não faziam nos primeiros semestres outra coisa senão ir atrás dos prazeres. Outros preocupavam-se somente pelo que precisavam para passar nos exames e mais tarde garantir o sustento.

Entre os colegas de Edith, dizia-se em piada que, enquanto outras meninas sonhavam com beijos, ela sonhava com Husserl. O certo é que, através das *Investigações lógicas*, enveredou pela busca incondicional da verdade até chegar a ser assistente do mestre. Tinha-se formado em torno de Husserl um grupo de jovens bem dotados e tenazes no estudo: Adolf Reinach, Max Scheler, Roman Ingarden, Hans Lips, Dietrich Von Hildebrand e vários outros. Todos brindaram Edith com a sua amizade e deram a esses anos um sabor inesquecível:

7. Edith Stein

Querida cidade de Göttingen! Penso que só os que tenham estudado ali entre 1905 e 1914, no curto tempo de esplendor da escola fenomenológica, podem compreender quanto este nome nos faz vibrar.

Edith integrou-se no grupo graças à generosidade de Adolf Reinach, jovem professor de inteligência penetrante e grande coração. Ateu, Reinach enfrentou o horror da guerra em 1914, e a busca de sentido levou-o à fé cristã. Edith também se sentiu fascinada por Max Scheler, outro converso como Reinach:

> Tanto para mim como para muitos outros, a influência de Scheler ultrapassou os limites do campo estrito da Filosofia. Não sei em que ano chegou à Igreja Católica, mas já nessa altura se encontrava imbuído de ideias católicas e as propagava com todo o brilhantismo e força da sua palavra. Esse foi o meu primeiro contato com um mundo completamente desconhecido para mim. Não me levou ainda à fé, mas abriu-me a uma esfera de fenômenos a que me era impossível fechar os olhos. Não em vão nos tinham inculcado que devíamos ver todas as coisas sem preconceitos nem antolhos. Assim caíram os preconceitos racionalistas em que me tinha educado sem o perceber, e o mundo da fé apareceu subitamente diante de mim. Nele viviam pessoas com quem me encontrava diariamente e que admirava muito. Tinham que ser pelo menos dignas de eu as tomar a sério.

Os preconceitos de Edith eram os de todo o racionalismo: a tendência a pensar que só é digno de uma pessoa culta o conhecimento que significa um controle exaustivo da realidade. Esses preconceitos encerraram-na durante anos num mundo estreito, até que o contato com a escola fenomenológica foi derrubando as barreiras. Um dia, passeando com Pauline Reinach pela cidade velha de Frankfurt e comentando o que dela conta Goethe, Edith confessa que a esperava uma experiência muito mais impressionante:

> Entramos na catedral por uns minutos e, no meio daquele silêncio, entrou uma mulher com a sua bolsa de compras, ajoelhou-se com profundo recolhimento e pôs-se a rezar. Isso foi para mim algo totalmente novo. Às sinagogas e igrejas protestantes que eu conhecia, ia-se somente para os ofícios religiosos. Aqui, porém, qualquer pessoa no meio do seu trabalho entrava na igreja vazia para um diálogo confidencial. Foi uma sensação que não pude esquecer.

A Primeira Guerra Mundial faz explodir em mil pedaços a paz. Papini dirá que, nesses anos, a Europa seria um inferno iluminado pela condescendência do sol. Edith encarará essa nova situação com energia e um grande sentido de solidariedade.

> Agora a minha vida não me pertence, disse de mim para mim. Todas as minhas energias estão a serviço do grande acontecimento. Quando terminar a guerra, se eu ainda viver, poderei pensar de novo nos meus assuntos pessoais.
> Soube que se preparava um curso de enfermeiras para estudantes e inscrevi-me imediatamente. A partir desse momento, passei a ir diariamente ao Hospital de Todos os Santos. Assistia a aulas sobre cirurgia e epidemias de guerra e aprendi a vendar feridas e a dar injeções. Também fazia esse curso a minha antiga

colega Toni Hamburger e ambas rivalizávamos no esforço por adquirir conhecimentos. Como o nosso manual de enfermagem não me satisfazia, pus-me a estudar em casa o atlas de anatomia e os seus grossos manuais de Medicina. Ia frequentemente à clínica de ginecologia para fazer práticas de assistência a partos. Lá alegravam-se muito com o meu interesse por essa especialidade.

Tivemos que dizer se queríamos pôr-nos à disposição da Cruz Vermelha. Encontrei uma forte resistência por parte da minha mãe, que, ao ver que os seus argumentos não surtiam efeito, me disse com toda a energia: "Não irás com o meu consentimento". A isso respondi abertamente: "Nesse caso, terei de ir sem o seu consentimento". As minhas irmãs assentiram à minha dura resposta. A minha mãe não estava acostumada a uma resistência semelhante. Arno ou Rosa tinham-lhe dirigido com frequência palavras muito mais duras, mas era em momentos de exaltação e esqueciam-nas imediatamente. No meu caso, a situação era muito pior.

Adolf Reinach morre na frente de batalha. Edith viaja a Friburgo para assistir ao funeral e consolar a viúva. Teria achado compreensível e normal encontrar Ana abatida e revoltada com a desgraça que lhe destruía a vida, mas encontrou-a num estado de espírito totalmente inesperado: com uma paz que só podia ter uma origem muito superior ao humano — a serena confiança no poder de Cristo sobre a morte:

> Ali deparei-me pela primeira vez com a Cruz e com o poder que Deus comunica aos que a carregam. Foi o meu primeiro vislumbre da Igreja, nascida da Paixão redentora de Cristo, da sua vitória sobre a mordida

da morte. Nesses momentos, a minha incredulidade desabou e o judaísmo empalideceu ante a aurora de Cristo: Cristo no mistério da Cruz.

Essa luz cresceu de modo decisivo na casa de campo de uns amigos, onde Edith passava uns dias de férias. Uma noite, tirou da biblioteca um livro ao acaso: era *O Livro da Vida* de Santa Teresa de Jesus, a sua célebre autobiografia.

> Comecei a ler e fiquei imediatamente cativada, sem poder deixar de ler até o fim. Quando fechei o livro, disse de mim para mim: "Isto é a verdade!"

Em 1º de janeiro de 1922, sentiu que, com o batismo, renascia para uma vida que a cumulava de alegria. Deixou a Universidade e trabalhou no Instituto Pedagógico de Münster, até ser destituída, em 1933, pelo regime nacional-socialista. Um ano mais tarde, professou como carmelita descalça. Em 1938, à vista do antissemitismo nazista, as suas Irmãs do Carmelo de Colônia acharam prudente que saísse da Alemanha e se mudasse para o convento de Echt, na Holanda. Lá foi feita prisioneira em 1942. Em 9 de agosto do mesmo ano, entregou a sua alma ao Senhor nas câmaras de gás do campo de concentração de Auschwitz.

8. Vittorio Messori

> *Não tive uma infância nem uma juventude católicas. O que conhecia de perto era a cultura laicista. Depois, veio um encontro misterioso e fulgurante com o Evangelho, com uma Pessoa, com Jesus Cristo. E, mais tarde, com a Igreja.*

Como muitos conversos, o jornalista Vittorio Messori (Itália, 1941) não pretendia nem procurava ser cristão, e não teve uma infância nem uma juventude católicas. Assim o conta ele mesmo, numa entrevista que concedeu em abril de 1997:

> Nasci em plena Guerra Mundial, na região talvez mais anticlerical da Europa, a de Dom Camilo e Peppone, de Guareschi*. Meus pais não estavam precisamente do lado de Dom Camilo. Batizaram-me como se fosse uma espécie de rito supersticioso, sociológico, e depois não tive mais nenhum contato com a Igreja. Em Turim, frequentei um colégio público onde não se

---

* O sacerdote Dom Camilo e o prefeito comunista Peppone são dois personagens famosos criados pelo escritor italiano Giovannino Guareschi (1908-1968). Trata-se de uma série de livros cujo primeiro volume se intitula *Dom Camilo e seu pequeno mundo* (1948).

falava de religião senão para inculcar-nos o desprezo teórico por ela. Quando terminei o secundário, resolvi estudar ciências políticas.

Já se disse que, quando o céu se esvazia, a terra cobre-se de ídolos. O céu de Messori estava, é claro, vazio, e o ídolo que preenchia o seu mundo era a política. A ela se entregou com paixão, e comprometeu-se com a esquerda.

Quase ao término dos meus estudos, reparei que a política só respondia às penúltimas perguntas. Enquanto as coisas nos correm bem, somos jovens e sadios, e possuímos um pouco de dinheiro, a religião parece-nos anacrônica e totalmente dispensável. Mas, para respondermos às últimas perguntas, essas que uma pessoa formula quando está só, diante do espelho, ou quando reflete sobre a dor e o mal, a política mostra-se claramente insuficiente.

Messori estava convencido de que não poderia encontrar respostas fora da política, precisamente por pensar que o cristianismo e qualquer dimensão religiosa pertenciam a um mundo antiquado e ultrapassado.

Mais que ateu, eu era um agnóstico radical: pouco me importava que Deus existisse ou não. Pertencia a uma geração posterior à dos meus pais, que insultava o Papa quando aparecia na televisão ou se irritava se alguém falava de religião. Eu, porém, prescindia do tema.

Messori era um universitário de muitas e variadas leituras, que incluíam Homero e os líricos e trágicos gregos na língua original. Mas não tinha lido o Novo Testamento. Essa lacuna fa-lo-á dizer que se podem obter doutorados em História sem sequer se ter roçado o problema da existência daquele obscuro carpinteiro que dividiu a História em duas: antes e depois de Cristo. Mas quando abriu o Evangelho pela primeira vez, não encontrou um livro, mas uma Pessoa: Cristo. "Foi um acontecimento que ainda hoje me traz aturdido. Mudou a minha vida, obrigando-me a reconhecer que havia ali um mistério ao qual valia a pena dedicar a vida".

A seguir, iniciou nos moldes de um trabalho jornalístico o estudo crítico do texto evangélico. Pensava nos futuros leitores, mas procurava para si mesmo as respostas sobre a veracidade dos Evangelhos e a divindade de Cristo: "Será o Evangelho uma bela poesia oriental, folclore semítico, ou é a verdade? Será Cristo um grande moralista, um mestre de valores — igual a tantos outros — ou é a Segunda Pessoa da Santíssima Trindade que se encarnou?" Esse trabalho estendeu-se por dez anos, e no decorrer dele Messori acabou por ficar subjugado pelo tema que pesquisava. O resultado foi a obra *Hipótese sobre Jesus,* um livro apaixonado na forma e rigoroso no fundo, que o autor nos oferece com estas palavras sinceras:

> Trabalhei sobretudo para mim, e procurei não me enganar a mim mesmo. Deus, se existe, não precisa das nossas mentiras. O personagem histórico chamado Jesus tem direito à verdade, não a astúcias apologéticas. E nós temos o direito de ser informados, não tranquilizados. Também procurei ater-me àquilo que todos podem aceitar: àquilo que, na medida do possível, está fora de discussão.

Penso que não se precisa de paixão pelo gênero policial para sentir-se subjugado por esta história. É uma narração que interessa a todos pela simples razão de que se trata de uma vida. *Os senhores estão todos comprometidos*, recorda Pascal a quantos procuram esquivar-se ao problema do seu destino.

Antes do nascimento e depois da morte, a existência humana mergulha no desconhecido. Parece acertado comparar a nossa condição à de um passageiro que acorda num trem enquanto atravessa o negrume da noite. Sabe que o trem acabará por entrar no inevitável túnel da morte, mas nada sabe do que há depois desse misterioso túnel. *Não há nada*, dirão alguns. É uma opinião respeitável, mas carece de provas, porque ninguém voltou para nos contar o término da viagem — exceto Jesus. Ele é o único que atravessou o túnel da morte nos dois sentidos e nos falou do além.

Historicidade e veracidade dos Evangelhos

Qualquer bibliófilo pode concluir que nenhum livro antigo foi transmitido com tanta exatidão e abundância de manuscritos como o Novo Testamento. Messori diz-nos que se conhecem cerca de cinco mil manuscritos neotestamentários, alguns dos quais são dos séculos II e III. Para compreender a inaudita autoridade textual em que se apoia o Novo Testamento, é preciso compará-lo com os clássicos gregos e latinos, cujas cópias mais antigas são muito poucas e estão separadas dos originais por um lapso de mais de mil anos. No caso concreto de Platão, esse intervalo é de treze séculos. Apesar disso, o estudo crítico dos clássicos gregos e romanos nunca levou ninguém a negar em bloco a autenticidade dos textos ou a existência do autor.

Entendemos por veracidade ou historicidade a adequação entre um texto antigo e a realidade que narra. No caso dos Evangelhos, comprova-se perfeitamente que registram palavras que foram verdadeiramente pronunciadas e que relatam atos e episódios que realmente aconteceram, que foram presenciados por testemunhas qualificadas e que tiveram uma grande repercussão na história humana. A pesquisa histórica comprovou que Jesus Cristo pregou na Palestina e foi crucificado no tempo de Pôncio Pilatos, que fundou a Igreja, que ao terceiro dia da sua morte começou a aparecer aos seus discípulos e que estes experimentaram uma extraordinária mudança na sua conduta.

É verdade que entre os quatro evangelhos se observam versões discordantes de uma mesma passagem. Assim acontece, por exemplo, com a lista dos antepassados de Jesus ou com o texto do letreiro que Pilatos mandou fixar no alto da cruz. Mais surpreendente é que São Lucas situe o Sermão da Montanha numa planície. Certa crítica pouco sutil quis ver nessas circunstâncias uma prova de que os textos evangélicos foram falsificados ou inventados. Mas, se pensarmos bem, essas divergências atestam precisamente o contrário: que os textos evangélicos não foram inventados, porque, se fosse esse o caso, nada impediria que tivessem sido manipulados de modo a haver uma coincidência total. Pelo contrário, a própria Igreja proibiu severamente que os alterassem, numa atitude que só se explica se a primeira comunidade cristã os recebeu como intocáveis, impossíveis de manipular — apesar de correr o risco de provocar a objeção imediata dos adversários.

Outras muitas razões — algumas bem surpreendentes — garantem a veracidade dos textos evangélicos. Por exemplo, neles nada se diz sobre o aspecto físico de Jesus. Essa sobriedade é inexplicável. Se os evangelhos fossem inventados, essa lacuna e sobriedade ficariam também sem explicação, pois não existe mitologia ou epopeia que não se tenha preocupado constantemente de descrever o físico do seu herói...

Outro exemplo aduzido por Messori é a circunstância de Mateus ter incluído na genealogia de Jesus, entre a longa série de nomes masculinos, quatro nomes de mulher, além do de Maria. A mulher, criatura olhada com desconfiança no mundo hebreu, e até considerada impura, criava pela simples menção do seu nome um clima de suspeita, sobretudo quando se tratava, como no nosso caso, de uma genealogia que tinha um certo ar de solenidade. Mas o que parece mais grave e intolerável é que encontramos na vida dessas quatro mulheres incesto, prostituição, adultério e assassinato. Textos inventados jamais teriam começado desse modo, com um desafio tão descarado ao mais sagrado de uma cultura que se desejava convencer e converter.

A hostilidade dos opositores era outro fator que obrigava os evangelistas a não afastar-se da verdade. Qualquer judeu que tivesse dito "Bebei o meu sangue" teria sido lapidado na hora, pois um dos tabus mais rigorosos do judaísmo era e é a abstenção de sangue.

Tudo isto — conclui Messori — leva-nos a pensar que os Apóstolos e os evangelistas não se afastaram um ápice da verdade, tanto mais que na Palestina daquele período viviam muitas pessoas que tinham conhecido

Jesus e teriam denunciado qualquer falsificação. Não foi, pois, a primitiva comunidade cristã que criou a doutrina evangélica; pelo contrário, o que fez foi render-se a uma mensagem que, aos olhos dos conterrâneos, era desconcertante e blasfema.

Divindade de Cristo

> Jesus Cristo é o único homem a quem se associou sem mediatizações o nome de Deus. Mas deve haver muitos que já estão habituados a este escândalo inaudito [...]. Na Biblioteca Nacional de Paris, espelho fiel da cultura ocidental, o seu nome é o segundo no número de fichas. O primeiro — e também é significativo — é *Deus* [...]. Nestas páginas, tratei de examinar as razões da teimosa e incrível afirmação de que aquele obscuro palestino é o Salvador de todos os homens.

Assim escreve Messori no começo do seu *Hipóteses sobre Jesus*. Depois aborda a questão das profecias messiânicas sobre Jesus, que são mais de trezentas no Antigo Testamento. Pascal reflete sobre este dado assombroso e conclui que, se um homem tivesse composto um livro de profecias sobre a vinda de Cristo, o cumprimento dessas profecias teria uma força divina. No entanto, o que aconteceu é muito mais: durante dois mil anos, uma sucessão de homens profetizou o mesmo acontecimento. É um povo inteiro que o anuncia.

Buda, Confúcio, Lao-Tsé, Maomé e todos os iniciadores das grandes religiões aparecem por geração espontânea, sem que uma tradição religiosa anterior os tenha anunciado. Jesus, porém, vem precedido de uma expectativa de dois mil anos, e a sua Igreja prossegue a sua obra por outros dois mil. Uma continuidade ininterrupta ao longo de quarenta séculos é contrária às leis que regem os fenômenos históricos.

À margem da fé, é inegável que, no plano objetivo da história, o que os profetas de Israel profetizaram há milênios cumpriu-se totalmente. Israel transferiu o seu predomínio religioso para um povo que nasceu dele e que afirma ter sido congregado por um Deus que desceu ao terreno da história para situar-se como pastor. E este novo povo espalhou-se por toda a terra de um modo incrível.

Antecipando-se em séculos ao cumprimento das suas profecias, Isaías pinta-nos o quadro mais realista e dramático da Paixão de Cristo. Messori reproduz as passagens mais célebres do profeta:

> *Não há nele parecer nem formosura que atraia o olhar, nem beleza que agrade. Desprezado, escória dos homens, varão de dores, experimentado em todos os sofrimentos, como aqueles diante dos quais se cobre o rosto, menosprezado, tido em nada* (Is 53, 2-3).
> *Foi ele quem tomou sobre si as nossas enfermidades e carregou com as nossas dores, e nós o reputávamos como um castigado, ferido por Deus e humilhado. Mas foi trespassado pelas nossas iniquidades e triturado pelos nossos pecados. O castigo que nos salva pesou sobre ele, e nós fomos curados graças às suas chagas* (Is 53, 4-5).
> *Desde a planta dos pés até a cabeça, não há nele nada são. Tudo são feridas, inchaços, chagas vivas, nem curadas, nem vendadas, nem suavizadas com óleo* (Is 1, 6).

O cumprimento destas profecias é tão exato que levou a suspeitar que os autores dos evangelhos tivessem desenhado um Messias de modo a coincidir com o retrato profético. Jesus seria assim um produto pré-fabricado, montado peça por peça com base nos vaticínios proféticos do Antigo Testamento. Mas a expectativa geral em Israel caminhava em direção oposta à que Jesus seguiu. Os judeus esperavam um rei libertador, que os livrasse do jugo político de Roma, e depararam com um justiçado que a própria Roma crucificou. Mas os profetas já tinham anunciado que o Messias reinaria no coração dos homens. Caíram os grandes impérios — Egito, Babilônia, Roma —, mas, nos vinte séculos decorridos desde o aparecimento de Jesus, o seu reino demonstrou ser o único que não leva caminho de acabar da mesma maneira.

> O austero documento dessa obscura seita do Oriente [...] põe estas palavras nos lábios do seu herói fracassado: *O céu e a terra passarão, mas as minhas palavras não passarão* [...]. E a verdade é que a realidade histórica desse Jesus revirou a história até converter-se no seu eixo (Hegel) e mudar a sua rota de modo irreversível (Nietzsche).

Divinizar uma pessoa era algo possível no Império Romano, mas impossível entre os judeus. Eles adoravam Yavé, o Deus único, transcendente e inefável, cujo nome nem sequer se devia pronunciar. Associar a Yavé um homem era o maior dos sacrilégios, a abominação suprema. Por isso, admitir que um galileu tivesse podido equiparar-se a Deus e ser adorado como tal poucos anos após a sua morte, é não conhecer nada do mundo hebreu. Para Santo Agostinho, esse seria "o maior de todos os milagres". Os judeus acatavam o imperador romano, mas preferiam deixar-se lapidar a reconhecer nele qualidades divinas. Com efeito, Santo Estevão, o primeiro temerário que se atreveu a proclamar em público a divindade de Cristo, foi arrastado para fora da cidade e lapidado.

Para admitir que a divindade de Cristo foi fruto da credulidade dos seus contemporâneos, seria necessário esquecer que os judeus preferiram o martírio coletivo e a destruição total do país a aceitar em Jerusalém um simples desenho do imperador divinizado. Como bem se fez notar, Maomé e o islamismo são a rebelião do mesmo sangue semita contra a incompreensível pretensão cristã de igualar um homem a Deus.

Jesus Cristo e o mistério do mal

A eterna objeção do mal provoca um grave dilema: ou Deus pode impedir o mal, e nesse caso não é bom porque não o impede, ou não pode impedir o mal, e nesse caso não é onipotente. Nos dois casos, falta um atributo essencial: ou a bondade ou o poder. E isso justificaria a negação da sua existência. A criação seria a bem dizer o pecado mortal do Criador, e a sua única possibilidade de escapar a essa objeção seria Ele não existir. E se existisse — cantavam os sectários da Comuna de Paris —, seria preciso fuzilá-lo.

Mas Messori descobre que Deus não escamoteia as dificuldades. A Bíblia, o livro em que Ele nos fala, é um grande tratado sobre o sofrimento. Encontramos nas suas páginas doenças e guerras, condenações à morte dos próprios filhos, deportação e escravidão, perseguição, hostilidade, escárnio e humilhação, solidão e abandono, infidelidade e ingratidão, assim como remorsos de consciência. Mas na Bíblia, a última palavra sobre o sentido da dor não é Jó, mas Jesus Cristo: "Tanto amou Deus o mundo, que entregou o seu Filho único para que todo aquele que nele crer não pereça, mas tenha a vida eterna". Estas palavras de Cristo a Nicodemos indicam que o homem será salvo mediante o próprio sofrimento de Cristo.

O sofrimento, ligado misteriosamente ao pecado original e aos pecados pessoais dos homens, é padecido pelo próprio Deus. Cristo sofreu na sua carne o cansaço, a fome, a sede, a incompreensão, o ódio e a tortura da Paixão. De todas as respostas ao mistério do sofrimento, esta, a que São Paulo chamará "a doutrina da Cruz", é a mais radical. Porque nos diz que, se a Paixão de Cristo é o preço do nosso resgate, o sofrimento humano é a colaboração que o homem presta à sua própria redenção. Por isso, a Igreja considera o sofrimento um bem, perante o qual se inclina com veneração, com a profundidade da sua fé na Redenção. Messori resume-o assim:

> Não há outra resposta para o problema do mal a não ser a cruz de Jesus, na qual o próprio Deus sofreu o suplício supremo. Só esta resposta elimina o escândalo de um Deus tirano que se diverte com os sofrimentos das suas criaturas, porque propõe à vista de todos um escândalo ainda maior.

9. G. K. Chesterton

> *A literatura é uma das formas da felicidade, e talvez nenhum escritor me tenha proporcionado tantas horas felizes como Chesterton.*
>
> J. L. Borges

Agnosticismo e confusão

Gilbert Keith Chesterton (1874-1936) foi um dos maiores escritores do século XX. Era tão boêmio e excêntrico, tão irônico e lúcido, com tal senso do humor e corpulência que nunca passou desapercebido. "Quanto ao meu peso, ainda ninguém o calculou", costumava dizer. E numa conferência: "Garanto-lhes que não tenho de modo algum este tamanho. O que acontece é que o microfone me amplifica". O seu riso era sincero, alegre, contagioso e inesquecível, a ponto de conseguir que os que assistiam com ele a uma peça de teatro tirassem os olhos do palco para juntar-se às suas risadas.

Veio ao mundo para iniciar o que ele chamava "a aventura suprema". Passou a infância discutindo com o seu único irmão e amigo íntimo, Cecil, "até nos convertermos numa peste para o nosso círculo social". O seu amigo Edmund Bentley escreve:

> Chesterton chegou até onde uma inteligência aguda pode examinar a fundo o mundo, com um estado de ânimo sempre alegre. Não tinha um só inimigo e possuía pelo menos em dobro a capacidade de desfrutar das coisas. Desde pequeno, teve um senso do humor extremamente desenvolvido, bem como o conceito de beleza e de veneração.

Em 1892, com o fim do colégio e a entrada na Universidade, os amigos dispersaram-se. Para Chesterton, a perda foi muito profunda. Na sua *Autobiografia,* descreve a nova época como "cheia de dúvidas, morbidez e tentações que deixaram na minha mente, para sempre, a solidez objetiva do pecado". Também dirá que "o ambiente da minha juventude era não só o ateísmo, mas a ortodoxia ateia, e esse posicionamento gozava de prestígio". Em *Ortodoxia,* escreve:

> Aos doze anos de idade, eu era um pouco pagão, e aos dezoito um completo agnóstico, cada vez mais afundado num suicídio espiritual.

No University College de Londres, estuda arte, literatura inglesa, francês e latim. Lá se dedicou, entre outras coisas, ao espiritismo, até chegar a "um estado de melancolia enfermiça e ociosa".

> O que eu chamo a minha temporada de loucura coincidiu com um período em que andei à deriva

e sem fazer nada. Foi uma época em que atingi a condição interior de anarquia moral, mergulhando cada vez mais num suicídio espiritual. Penso que o meu caso era bastante comum. No entanto, o certo é que me afundei o suficiente para encontrar-me com o demônio, mesmo para reconhecê-lo de maneira obscura.

Anos mais tarde, quando enceta relações de amizade com o sacerdote John O'Connor e lhe expõe a sua experiência do mal, descobre com assombro que "o padre O'Connor tinha sondado aqueles abismos muito mais do que eu".

> Fiquei surpreendido com a minha própria surpresa. Que a Igreja Católica estivesse mais bem informada sobre o bem que eu, era fácil de acreditar. Que estivesse mais a par do mal, parecia-me impossível de acreditar.

O padre O'Connor conhecia os horrores do mundo e não se escandalizava, pois a sua pertença à Igreja Católica o fazia depositário de um grande tesouro: a misericórdia.

Superação do agnosticismo

> Depois de ter permanecido algum tempo nos abismos do pessimismo contemporâneo, experimentei um forte impulso de rebelar-me e expulsar semelhante pesadelo. Como encontrava pouca ajuda na filosofia e nenhuma na religião, inventei uma teoria mística e rudimentar: a de que até a mera existência, reduzida aos seus limites mais primários, era suficientemente extraordinária para ser estimulante.

Essa teoria pessoal fá-lo "continuar unido aos restos da religião por um tênue fio de gratidão: dava graças a qualquer deus existente". Anos depois, escreverá a propósito do pessimismo existencial que ressumava da pena de muitos escritores:

> Em minha opinião, a opressão do povo é um pecado terrível; mas a depressão do homem é um pecado ainda pior.

Num dia do outono de 1896, viu pela primeira vez Frances Blogg e enamorou-se dela. Naquela noite, escreveu na solidão do seu quarto uns versos "à mulher que eu amo", onde dizia que Deus criou o mundo e colocou nele reis, povos e nações unicamente para que assim ele, Chesterton, conhecesse Frances. No mesmo caderno escreveria dias depois que Frances "faria as delícias de um príncipe".

> Mas Frances praticava a religião. Isso era algo insólito para mim e para o próprio ambiente de cultura alvoroçada em que ela vivia. Para todo esse mundo agnóstico, praticar a religião era coisa muito mais complexa do que professá-la.

Em 1900, conhece Hilaire Belloc, um jovem historiador de caráter exaltado, que lhe descobre o pensamento social cristão. E encetam uma amizade que durará toda a vida. Em 1901, casa-se com Frances e começa a ser um dos jornalistas mais conhecidos e polêmicos do país. Em 1903, polemiza com o diretor do jornal *Clarion*, Robert Blatchford, a propósito do pensamento determinista deste.

Se até então podia ser tido por agnóstico, agora passa a içar no seu mastro a bandeira do cristianismo.

De férias em Yorkshire, o casal Chesterton conhece o padre O'Connor, que os surpreende pela sua inteligência e simpatia. Mas Chesterton reconhece:

> Se me tivessem dito que dez anos mais tarde eu seria um missionário mórmon em alguma ilha de canibais, não me teria surpreendido tanto como a ideia de que, quinze anos depois, eu faria com ele a minha confissão geral e seria recebido na Igreja que ele servia.

Do padre O'Connor, Chesterton diz que encontrou nele um sacerdote, um homem do mundo, um homem do outro mundo, um homem de ciência e um velho amigo.

1908. Ortodoxia

De alguns dos seus contemporâneos, Chesterton escreveu que, ao instalarem-se no ceticismo e numa divagação sem contornos precisos, afundavam-se na indeterminação dos animais errantes e na inconsciência do campo: "porque não há dúvida de que as árvores não produzem dogmas e os nabos são muito tolerantes".

Alguém o acusou então do comodismo de julgar da visão da vida dos outros sem ter exposto a própria. Assim surgiu *Ortodoxia*, em 1908, um livro curioso por provir de um autor que se confessa apaixonado pela visão cristã da vida sem ser cristão. *Ortodoxia* sustentou na fé ou levou a ela muitos leitores, e beirou o limite do paradoxo porque Chesterton só se converteria ao catolicismo e se batizaria passados treze anos. *Ortodoxia* constitui também uma pacífica provocação intelectual:

> Se alguém me pergunta, do ponto de vista exclusivamente intelectual, por que creio no cristianismo, só posso responder-lhe que creio nele racionalmente, obrigado pela evidência.

Que evidência? Chesterton identifica na opinião pública três grandes convicções anticristãs:

1ª. Que o ser humano é um mero animal evoluído.

2ª. Que a religião primitiva nasceu do terror e da ignorância.

3ª. Que os clérigos inundaram as sociedades cristãs de amarguras e névoas.

São três argumentos que lhe parecem lógicos e legítimos, mas acrescenta que a única coisa que se lhes pode objetar é um ponto que têm em comum: que os três são falsos.

Quanto ao primeiro argumento, reconhece como evidente que o homem se parece com os animais. Mas o que é enigmático e inexplicável é o abismo que os separa do homem, de sorte que "onde acaba a biologia começa a religião".

Quanto ao segundo argumento, afirma que todas as grandes culturas conservam a tradição de um antigo pecado seguido de um castigo, mas "os sábios parecem dizer literalmente que essa calamidade pré-histórica não pode ser verdadeira, já que todos os povos se recordam dela".

Do terceiro argumento, dirá que não o comprovou em lugar nenhum, pois "os países da Europa onde é grande a influência do sacerdócio são os únicos onde

9. G. K. Chesterton

se dança e se canta, e onde ainda há trajes pitorescos e arte ao ar livre".

> Diz-se com toda a facilidade que o paganismo é a religião da alegria, e o cristianismo a religião da dor, mas é igualmente fácil demonstrar a proposição inversa. Quando o pagão contempla o verdadeiro coração do mundo, fica gelado. Para além dos deuses, que são simplesmente despóticos, o que encontra é o Hades, o reino da morte. E quando os racionalistas afirmam que o mundo antigo era mais ilustrado que o mundo cristão, não lhes falta razão do seu ponto de vista, pois por *ilustrado* entendem: enfermado de desesperos incuráveis.
> A alegria, que era a pequena publicidade do pagão, converte-se no gigantesco segredo do cristão. E ao fechar este volume caótico, abro de novo o livro breve de onde brotou todo o cristianismo, e assombro-me diante de uma espécie de confirmação. A fantástica imagem que palpita nas frases do Evangelho levanta-se — nisto e em tudo — para além de todos os sábios considerados os maiores.

Uma variação do segundo argumento é considerar o cristianismo como fruto de épocas de trevas. Chesterton dirá que, pelo contrário, o cristianismo foi "o único caminho de luz nas idades de trevas, como uma ponte luminosa estendida sobre elas entre duas épocas luminosas".

> A quem diga que a fé brotou do selvagismo e da ignorância, deve-se responder que não: que nasceu da civilização mediterrânea, em plena gestação do grande Império Romano. É certo que depois o barco se afundou, mas não é menos certo e assombroso que

voltou a ressurgir recém-pintado e deslumbrante, sempre com a cruz no alto. E este é o aspecto assombroso da religião: que transformou um barco afundado num submarino. Sob o peso das águas, a arca sobreviveu. Após o incêndio e sob os escombros das dinastias e dos clãs, levantamo-nos para nos recordarmos de Roma.

Se a fé tivesse sido apenas um capricho do Império decadente, ambos se teriam desvanecido num mesmo crepúsculo. E se a civilização viria a ressurgir mais tarde (e houve algumas que não ressurgiram), deveria ter sido sob alguma nova bandeira bárbara. Mas a Igreja cristã era o último alento da velha sociedade e o primeiro alento da nova. Congregou os povos que já se esqueciam de como se levantam os arcos, e ensinou-os a construir o arco gótico. Numa palavra, o que se diz contra a Igreja é a maior falsidade que dela se pode dizer. Como se pode afirmar que a Igreja nos quer fazer retroceder às idades das trevas, quando é à Igreja que devemos ter podido sair delas?

Chesterton repete que o seu cristianismo é uma convicção racional, e que os agnósticos se enganaram ao escolherem os seus argumentos. Diz-nos, além disso, que existe outra razão mais profunda para aceitar a verdade cristã: a de que a doutrina da Igreja é algo vivo, não morto — algo que nos explica o passado e nos ilumina o futuro:

> Platão comunicou-vos uma verdade, mas Platão morreu. Shakespeare deslumbrou-vos com uma imagem, mas não voltará a fazê-lo. Pensai no que seria viver com eles, saber que Platão poderia ler-nos amanhã algum texto inédito ou que Shakespeare poderia comover o mundo com uma nova canção. Quem está em contato com a Igreja vivente é como quem espera

encontrar-se com Platão e Shakespeare todos os dias, no almoço, com novas verdades desconhecidas.

Mais argumentos

Chesterton soube confirmar na fé muitos amigos e conhecidos. Um dia escreve à filha de um casal amigo:

> Minha querida Rhoda: a fé também é um dado real e está ligada à realidade. Eu sei raciocinar ao menos tão bem como os que te dizem o contrário, e estranharia que ficasse por aí alguma dúvida que eu não tivesse acolhido, examinado e dissipado. Eu creio em Deus, Pai Todo-Poderoso, Criador do céu e da terra, e creio nas outras coisas maravilhosas que dizemos nessa oração. E a minha fé é tanto maior quanto mais contemplo a experiência humana. Quando te digo "Deus te abençoe, minha querida menina", duvido tão pouco dEle como de ti.

Em 1910, publica *A esfera e a cruz*, uma discussão entre dois homens honrados sobre o que o autor considera a questão mais importante do mundo: a verdade do cristianismo. No mesmo ano, um artigo de Robert Dell afirma que o homem que se faz católico "deixa a sua responsabilidade à porta de casa e crê nos dogmas para livrar-se da angústia de pensar". Chesterton responde assim:

> Euclides, ao propor definições absolutas e axiomas inalteráveis, não livra os geômetras do esforço de pensar. Ao contrário, proporciona-lhes a árdua tarefa de pensar com lógica. O dogma da Igreja limita o pensamento da mesma maneira que o axioma do sistema solar limita a física: ao invés de estancar o

pensamento, proporciona-lhe uma base fértil e um estímulo constante.

Pouco depois, no *Daily News*, convida os racionalistas a ser realmente racionais e lógicos:

> Eu acredito — porque assim o afirmam fontes autorizadas — que o mundo é redondo. Se há tribos que acreditam que é triangular ou oblongo, isso não altera a certeza de que o mundo tem indubitavelmente uma forma determinada, e não outra. Portanto, não digais que a variedade de religiões vos impede de crer em uma delas. Não seria uma atitude inteligente.

1922. Conversão

> Em primeiro lugar, gostaria de dizer que a minha conversão ao catolicismo foi completamente racional [...]. Batizei-me num telheiro de lata situado nas traseiras de um hotel de estação. Dei esse passo porque assim era muito mais convincente para a minha mente analítica.
>
> Quando as pessoas me perguntam: "Por que o senhor entrou na Igreja de Roma?", a primeira resposta é: para desembaraçar-me dos meus pecados. Porque não existe nenhum outro sistema religioso que faça realmente desaparecer os pecados das pessoas.

Catorze anos antes de se converter, tinha escrito no *Daily News*, em resposta a um articulista:

> Em seu entender, confessar os pecados é uma coisa mórbida. Eu lhe responderia que mórbido é não confessá-los. Mórbido é ocultar os pecados deixando que corroam o coração, que é o estado em que vive

feliz a maioria das pessoas das sociedades altamente civilizadas.

Chesterton teria estado plenamente de acordo com estas palavras de Evelyn Waugh: "Converter-se é como subir por uma chaminé e passar de um mundo de sombras, onde tudo é caricatura ridícula, para o verdadeiro mundo criado por Deus. Começa então uma exploração fascinante e ilimitada". Teria subscrito estas palavras porque considerava o cristianismo como um fenômeno histórico excepcional, verdadeiramente único, sem precedentes, sem semelhança com nada anterior nem posterior. Não uma teoria, mas um fato: o fato de o misterioso Criador do mundo ter visitado o seu mundo em pessoa. O fato mais assombroso que o homem já conheceu, a história mais insólita jamais contada.

> Sei que o catolicismo é demasiado grande para mim, e ainda não explorei todas as suas terríveis e belas verdades.
> Não sei explicar por que sou católico, mas agora que o sou, não poderia imaginar-me de outra maneira.
> Estou orgulhoso de ver-me atado por dogmas antiquados e escravizado por credos profundos (como costumam repetir com tanta frequência os meus amigos jornalistas), pois sei muito bem que são os credos heréticos que morreram e que só o dogma razoável vive o suficiente para que lhe chamem antiquado.

Sobre a Igreja Católica, dirá:

> Não existe nenhuma outra instituição estável e inteligente que tenha meditado sobre o sentido da vida

durante dois mil anos. A sua experiência abarca quase todas as experiências, e em particular quase todos os erros. O resultado é um plano em que estão claramente sinalizados os becos sem saída e os caminhos errados, esses caminhos que o melhor testemunho possível demonstrou que não valem a pena, o testemunho daqueles que o percorreram antes [...]. Além disso, a Igreja defende dogmaticamente a humanidade dos seus piores inimigos, esses monstros horríveis, devoradores e velhos que são os antigos erros.

O pároco de Chesterton recorda-se de que "na manhã da sua Primeira Comunhão, [Chesterton] era plenamente consciente da imensidade da Presença Real, porque estava completamente coberto de suor no momento em que recebeu Nosso Senhor. Quando o felicitei, disse-me: «Foi a hora mais feliz da minha vida»". Anteriormente, Chesterton tinha-lhe confiado: "Apavora-me a tremenda realidade que se eleva sobre o altar. Não cresci vendo isso e é demasiado esmagador para mim".

A propósito de um dos seus melhores amigos, converso como ele, escreve:

> Os dois tivemos ocasião de falar com um grande número de pessoas sobre muitos assuntos importantes, de contemplar parte do mundo e das suas filosofias, e não temos a menor sombra de dúvida sobre qual foi o ato mais inteligente das nossas vidas.

Duas biografias e O homem eterno

A sua célebre biografia sobre São Francisco de Assis aparece em 1923. Chesterton quer demonstrar que a vida

9. G. K. Chesterton

de um santo pode ser uma história muito mais romântica que o melhor dos romances. A admiração que sente por São Francisco está ligada à sua convicção de que a inocência, o riso e a humildade infantis são superiores a qualquer forma de ceticismo.

Em 1925, *O homem eterno* é a sua resposta ao livro de Wells *Esboço da História*, um ensaio em que Cristo merecia muito menos páginas que as campanhas dos persas contra os gregos. Chesterton divide o seu livro em duas partes. A primeira é um resumo da grande aventura da raça humana até que deixa de ser pagã. A segunda, um sumário da diferença que se produziu ao fazer-se cristã. O livro foi considerado a obra-prima de Chesterton. C. S. Lewis escreverá: "Li *O homem eterno* de Chesterton e pela primeira vez vi toda a concepção cristã da história exposta de um modo que me pareceu ter sentido".

Os editores de *São Francisco de Assis* pedem a Chesterton, dez anos depois, que escreva uma biografia de São Tomás de Aquino. A sua secretária recordava-se de que, depois de despachar os assuntos diários, Chesterton lhe dizia logo a seguir: "Agora vamos passar uns momentos com Tommy". E assim ditou-lhe metade da biografia, sem consultar um único livro. No fim, pediu-lhe que fosse a Londres para trazer-lhe alguns livros. Que livros? Não sabia. Então a senhora escreveu ao padre O'Connor e recebeu uma lista com a melhor bibliografia sobre o santo. Chesterton folheou os livros rapidamente e ditou o resto do seu escrito sem tornar a consultar nenhum deles.

Etienne Gilson tinha dito que *Ortodoxia* era a melhor apologia cristã que o século XX tinha produzido. Depois de ler a biografia de São Tomás de Aquino, afirmou: "Penso que é o melhor livro que já se escreveu sobre São

Tomás, sem comparação possível". E também: "Chesterton faz-me cair no desespero. Passei toda a minha vida estudando São Tomás e nunca poderia ter escrito um livro como o dele".

Chesterton morreu em 14 de junho de 1936. Um dos seus amigos escreveu sobre o seu sepultamento:

> Sigo o féretro com os restos mortais do meu capitão. Atravesso com ele as tortuosas ruas da pequena localidade. Damos um rodeio, porque a polícia se empenhou em que Gilbert tem que fazer a sua última viagem passando pelas casas daqueles que o conheceram e mais o estimaram. E ali estavam todos, abarrotando as ruas [...]. Como diz Edward MacDonald, ele era o senhor do distrito e nunca o soube.

Chesterton concebia o céu conforme a expressão *terra viventium* de Tomás de Aquino: a terra dos vivos. Também costumava dizer que a morte é uma brincadeira do Deus bom, escondida com muitíssimo cuidado. E em dois versos que deixou escritos, diz: *Jamais alguém riu na vida / como eu rirei na morte*. Tinha envelhecido sem se aborrecer um só minuto, e dava graças pelo seu "protagonismo neste milagre que é estar vivo e ter recebido a vida do Único que pode fazer milagres".

Citações de Chesterton

Sobre a razão e a fé

1. Sem Criador, o Universo é como uma imensa inundação de água que sai de lugar nenhum.

2. Este mundo não se explica por si mesmo. Corresponde ao desenho de uma vontade pessoal, presente na sua obra como o artista na obra de arte.

3. Se o Universo do materialista é verdadeiro, então tem pouco de Universo. Pode movimentar-se e expandir-se sem cessar, mas nem na sua mais remota galáxia encontraremos nada de realmente interessante, nada que se pareça, por exemplo, com o perdão ou a liberdade.

4. Se a ciência me diz que os fenômenos são necessários, estou convencido de que correspondem a uma vontade livre, a um poder mágico por trás do qual se esconde um mago. Sempre me pareceu que a vida é, acima de tudo, um conto. E isto implica a existência de um narrador.

5. Os pais da ciência afirmaram que toda a pesquisa deve apoiar-se nos fatos. A mesma convicção tiveram os pais do cristianismo, e edificaram-no sobre um fato empírico — o pecado —, tão evidente como a existência de batatas.

6. Deus é, por natureza, um nome cheio de mistério, e ninguém consegue imaginar como pôde criar o mundo, assim como ninguém se sente capaz de criá-lo. Em contrapartida, a palavra *evolução* rima com *explicação*, e tem a perigosa qualidade de parecer que explica tudo.

7. Há evolucionistas que não podem acreditar num Deus que faz as coisas do nada, e no entanto acreditam que do nada saíram todas as coisas. Não percebem que o problema do mundo consiste em que não se explica por si mesmo.

8. A verdade é que o homem olha à sua volta e vê um mundo ordenado segundo certas leis, e uma verde arquitetura que se constrói a si mesma sem ajuda de mãos visíveis, segundo um plano predeterminado, como um desenho já traçado no ar por um dedo invisível.

9. Essa constatação levou a maioria da humanidade a pensar que o mundo obedece a um plano. Um plano traçado por algum Ser estranho e invisível, que ao mesmo tempo é um amigo, um benfeitor que dispôs os bosques e as montanhas para nos receberem, e que acendeu o sol como um criado prepara o fogo da lareira para os seus senhores.

10. Tudo isto foi deduzido pelos filósofos de todas as épocas. O que os filósofos nunca puderam deduzir é o acontecimento mais extraordinário e único da nossa História: que o misterioso criador do mundo visitou o mundo em pessoa.

11. Os primeiros cristãos eram pessoas que possuíam uma chave diferente de todas as outras, e todo o cristianismo consistiu em proclamar que possuía essa chave, capaz de abrir a prisão do mundo inteiro, para fazê-lo sair ao dia luminoso da liberdade.

12. Para ser eficaz, uma chave tem que ter uma forma que não se distorça. É por isso que o credo cristão se empenha em conservar a sua forma. Além disso, uma chave pode ter uma forma complexa, pois tem que entrar numa fechadura e encaixar-se nela. Se o cristianismo se tivesse lançado ao mundo com quatro simplismos sobre a paz e a simplicidade de espírito, não teria produzido o menor efeito neste nosso magnífico e labiríntico manicômio.

9. G. K. Chesterton

Mas a chave cristã é realmente complexa, e graças a isso tem também uma qualidade muito simples: consegue abrir as portas.

13. Sinto que a religião cristã diz verdades, ao passo que as filosofias dizem coisas que parecem verdades.

14. O homem está feito para duvidar de si mesmo, não para duvidar da verdade, e hoje os termos inverteram-se.

15. Para entrar na Igreja é preciso tirar o chapéu, não a cabeça.

16. Quando perdemos a fé, perdemos também a razão.

17. Somos cristãos e católicos, não por adorarmos uma chave, mas por termos transposto uma porta e termos sentido a brisa da liberdade sobre uma terra maravilhosa.

18. O cristianismo morreu várias vezes, mas ressuscitou outras tantas. Ao menos em cinco ocasiões renasceu na Europa: com os arianos, com os albigenses, com os humanistas céticos, e depois de Voltaire e antes de Darwin. Cinco revoluções que atiraram a fé aos cães, e em cada um dos cinco casos não pereceu a fé, mas pereceram os cães.

19. "O céu e a terra passarão, mas as minhas palavras não passarão". A civilização romana parecia dominar tudo, e os homens não pensavam que tivesse fim, como não podiam pensar que a luz do sol se apagasse. Mas Roma passou e as palavras de Cristo não passaram. Depois, a religião esteve tão bem inserida na malha do feudalismo que ninguém podia imaginar que se separariam. Mas o feudalismo e a Idade Média desapareceram, e a promessa

divina perdurou através do radiante Renascimento. Pensou-se que a religião pereceria sob a intensa e cegante luz do Século das Luzes, e mais ainda como consequência do terremoto da Revolução Francesa, mas não foi assim. E quando os historiadores começam a estudá-la como um fenômeno do passado, eis que assoma subitamente no futuro.

20. Agora os homens continuam a espiar a religião para ver se vacila ou se engana, mas já não esperam que desapareça. Sabem que antes podem esperar a colisão com um meteorito ou o esfriamento total do nosso planeta do que o desaparecimento da religião.

Sobre Jesus Cristo

21. Ninguém podia imaginar que Deus viesse viver entre os homens e conversasse com funcionários romanos e cobradores de impostos. Mas a mão de Deus que tinha moldado as estrelas converteu-se de repente na mãozinha de uma criança que choraminga num berço.

22. Esse fato, admitido em bloco pela civilização ocidental durante dois milênios, é, sem dúvida alguma, o fato mais assombroso que o homem conheceu desde que pronunciou a primeira palavra articulada.

23. Vou colocar-me na posição de uma pessoa que lê a história de Cristo como a história de um homem, sem ter ouvido antes nada sobre Ele. Se uma leitura desta natureza não leva a crer imediatamente, ao menos provocará um aturdimento que só se dissipará com a fé. Ao ler o Evangelho, esse leitor não encontrará vulgaridades. Isso não é coisa que se possa dizer de nenhum filósofo,

9. G. K. Chesterton

pois o pensamento ético dos melhores deles não passa de uma brilhante catarata de trivialidades.

24. Um jornalista escreveu que quem acredita na ressurreição de Cristo também é obrigado a acreditar em Aladim e em *As mil e uma noites*. Não faço a menor ideia do que pretende dizer com isso. E imagino que ele também não. Porque há uma razão clara e palpável para considerar verdadeiro esse milagre narrado pelo Evangelho [...], e uma razão clara e palpável para concluir que o famoso conto árabe não só não é verdadeiro, como nem sequer tem a pretensão de sê-lo.

25. O primeiro argumento a favor da Ressurreição de Cristo é dos mais simples: qualquer um de nós teria tido motivos para denunciar a desaparição do cadáver de Jesus. Qualquer um de nós — salvo os Apóstolos, no caso de eles o terem escondido para anunciar um falso milagre. Aliás, é muito difícil imaginar que alguém se deixe torturar e matar para defender uma mentira.

26. Aos que afirmam que a fé é irracional, seria preciso perguntar-lhes por que pareceu racional a milhões de europeus cultos, através de tantas e tantas gerações e revoluções. Mais que irracional, penso que o cristianismo é a própria razão. Como Atena do cérebro de Zeus, o cristianismo surgiu da mente de Deus, maduro e poderoso.

27. Pouco me importa que os céticos digam que tudo isto é um conto chinês, enquanto não me explicarem como um conto chinês permanece de pé tanto tempo, e como chegou a ser o lar de tantos homens.

Direção geral
Renata Ferlin Sugai

Direção de aquisição
Hugo Langone

Produção editorial
Sandro Gomes
Juliana Amato
Gabriela Haeitmann
Ronaldo Vasconcelos
Roberto Martins

Capa
Gabriela Haeitmann

Diagramação
Sérgio Ramalho

ESTE LIVRO ACABOU DE SE IMPRIMIR
A 01 DE JUNHO DE 2024,
EM PAPEL PÓLEN BOLD 90 g/m².